国际银团贷款实操手册

——以矿业为例

APPLICATION HANDBOOK OF INTERNATIONAL SYNDICATED LOAN

MINING INDUSTRY CASE STUDY

刘 冰 ◎ 著

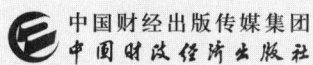

·北京·

图书在版编目（CIP）数据

国际银团贷款实操手册：以矿业为例／刘冰著．－－
北京：中国财政经济出版社，2024.4
ISBN 978－7－5223－3022－8

Ⅰ.①国⋯　Ⅱ.①刘⋯　Ⅲ.①矿业经济－国际贷款－
银团贷款－中国－手册　Ⅳ.①F831.6－62②F426.1－62

中国国家版本馆 CIP 数据核字（2024）第 070173 号

责任编辑：董小烨　　　　　　责任校对：徐艳丽
封面设计：陈宇琰　　　　　　责任印制：张　健

国际银团贷款实操手册——以矿业为例
GUOJI YINTUAN DAIKUAN SHICAO SHOUCE——YI KUANGYE WEILI

中国财政经济出版社 出版

URL：http://www.cfeph.cn
E－mail：cfeph@cfeph.cn
（版权所有　翻印必究）

社址：北京市海淀区阜成路甲28号　邮政编码：100142
营销中心电话：010－88191522
天猫网店：中国财政经济出版社旗舰店
网址：https://zgczjjcbs.tmall.com
北京中兴印刷有限公司印刷　各地新华书店经销
成品尺寸：170mm×240mm　16开　18.5印张　191 000字
2024年4月第1版　2024年4月北京第1次印刷
定价：65.00元
ISBN 978－7－5223－3022－8
（图书出现印装问题，本社负责调换，电话：010－88190548）
本社质量投诉电话：010－88190744
打击盗版举报热线：010－88191661　QQ：2242791300

前　言

众所周知，中国是世界制造业第一大国，也是全球金属矿产进口第一大国，在国际大宗金属矿产品市场占有极其重要的位置。然而，世界金属矿产资源分布极不均衡，具有开发利用价值的资源分布在少数国家和地区，而我国金属矿产资源自然禀赋不足，对外依存度较高，进口量巨大，金属矿产资源供给的安全风险很大。近些年，为保证国家金属矿产供给安全，很多中资企业积极"走出去"，从事境外金属矿产资源投资活动。这些投资活动涉及不同的国家，常常利用国际银团贷款来融资，所涉国际银团贷款金额巨大，动辄上亿美元甚至几十亿美元。银行业务人员和中资企业财会人员身涉其中，责任重大。

笔者从事国际银行业务多年，曾参与和主持过多个大型矿业国际银团贷款项目，深感矿业国际银团贷款复杂多样，所涉人员责任重大。同时，亦深感国内有关矿业国际银团贷款的实操参考资料稀少。鉴于此，笔者有心以中国银行业协会银团贷款与交易专业委员会、美国银团贷款与交易协会（LSTA）、欧洲贷款市场协会（LMA）和亚太贷款市场协会（APLMA）相关资料为基础，结合本人多年国际银团贷款的经验，以矿业为例撰写一本国际银团贷款实操手册，以便于银行业务人员和中资企业财会人员在国际银团贷款业务实操中参考使用。

笔者才疏学浅，书中缺点、错误在所难免，恳请广大读者不吝指正。

在此，我要感谢我的妻子冬春，是她鼓励我把我的工作经验和心得写出来，抛砖引玉，供大家借鉴。同时，我还要感谢我的秘书黄梅梅女士和编辑董小烨女士，感谢她们为本书成稿和编辑所提供的支持和帮助。

刘　冰

2024 年 1 月于澳大利亚珀斯

目 录

第一章　银团贷款概述 …………………………（1）
　　第一节　银团贷款的定义及特点 ………………（3）
　　第二节　银团贷款的发展历史 …………………（8）
　　第三节　银团组成及职责 ………………………（13）
　　第四节　银团贷款的操作流程 …………………（16）
　　第五节　银团贷款的风险管理 …………………（33）
　　第六节　银团贷款的转让交易 …………………（39）
　　第七节　银团贷款协议 …………………………（43）

第二章　对银团贷款协议的理解和应用 ……………（59）
　　第一节　银团贷款的当事人 ……………………（61）
　　第二节　银团贷款协议条款的分类 ……………（63）
　　第三节　财务类信贷条款 ………………………（65）
　　第四节　管理类信贷条款 ………………………（87）
　　第五节　金融条款 ………………………………（170）

第三章　矿业国际银团贷款实务 ……………………（191）
　　第一节　矿产资源概述 …………………………（193）

第二节　矿业融资方式简介 …………………………（203）

第三节　矿业企业商业银行贷款 ……………………（211）

第四节　矿业企业国际银团贷款 ……………………（217）

第五节　矿山项目国际银团贷款评估要点 …………（219）

第六节　矿山项目国际银团贷款风险评估 …………（228）

第七节　矿山项目估值 ………………………………（242）

第八节　矿业项目评估中的财务模型 ………………（248）

第四章　矿业国际银团贷款实例 …………………（273）

第一节　境外大型铁矿客户流动资金国际银团贷款 …（275）

第二节　境外大型铁矿项目融资国际银团贷款 ……（278）

第三节　境外大型锂矿项目债务优化型国际银团
　　　　贷款 …………………………………………（283）

参考文献 ……………………………………………（286）

第一章 银团贷款概述

第一节 银团贷款的定义及特点

一、银团贷款的定义

银团贷款,英文 syndicated loan,也称为辛迪加贷款。辛迪加(syndicate)本意是指生产同一种商品的各企业为了获取高额利润,在流通过程中通过订立共同销售产品和采购原料的协议而建立起来的垄断组织,参与的各企业的购销业务均由辛迪加的总办事处办理,总办事处按照规定的份额分配给各参与企业。

银团贷款由于具有辛迪加组织的某些特性,最早被美国投资银行移植到债券和股票发行的包销业务中。20世纪60年代,美国的商业银行又将其运用到信贷业务中,称之为"辛迪加贷款",即银团贷款。

欧洲贷款市场协会(LMA)将银团贷款定义为由两个或两个以上的贷款人基于相同贷款条件,依据同一贷款协议,与一个借款人签订合同并提供贷款的信贷业务。[①] 其他一些金融机构和组

---

① 英文解释为:A syndicated loan is one in which two or more lenders (the syndicate) contract with a borrower to provide credit on common terms and conditions, governed by a common document。

织也对银团贷款有各种不同的表述,但与欧洲贷款市场协会的定义大同小异。中国银行业监督管理委员会(以下简称中国银监会)在2011年修订的《银团贷款业务指引》中将银团贷款定义为"银团贷款是指两家或两家以上银行,基于相同贷款条件,依据同一贷款合同,按约定时间和比例,通过代理行向借款人提供的本外币贷款式授信业务"。美联储将银团贷款定义为任何超过2000万美元的,由两个或两个以上参贷行提供的贷款(any loan in excess of US＄20 million that has two or more participants),对银团贷款予以了量化。美联储每年对下辖银行的所有银团贷款进行信贷质量评估,并分为投资级银团贷款(investment grade)和杠杆类银团贷款(leveraged loan)两大类,每年公布当年美国全国银团贷款的承诺额和贷款存量。

综合来说,银团是由两个或两个以上的贷款人组成的一个贷款集合体,其中最主要的成员角色是牵头行、代理行和参与行,统称为银团成员行。这些成员行有各自的职责和权力,按照"信息共享、独立审批、自主决策、风险自担"的原则自主确定各自授信行为,并按实际承诺额享有银团贷款项下相应的权利和义务,这是银团贷款各成员行的合作原则。银团贷款一般具有贷款金额大、期限长的特点,适用于借款人各种期限的授信业务要求。

二、银团贷款的授信形式

银团贷款一般有五种基本授信形式,分别为:

第一，定期贷款（term loan facility）。定期贷款常用于资本支出或计划中若干年的支出项目。定期贷款的期限随市场条件和借款方条件有所不同。一般公司贷款常为 5 年期，有的可延长至 7 年期。项目融资和基础设施融资可作 20 年以上期限。

第二，循环贷款（revolving credit facility）。循环贷款允许借款人在贷款期内还了再贷，因此常用于公司的流动资金贷款。循环贷款有时也允许减少金额或部分取消。

第三，备用贷款（standby credit facility）。备用贷款允许借款人在贷款期内循环提款，但通常计划是不提款的。大型公司常用其来支持其在资本市场的债务发行，通常在发行债券时，评级机构会要求发行人提供备用贷款授信以确保评级达标。

第四，摆动贷款（swingline credit facility）。摆动贷款是循环贷款项下的一个分授信，以满足借款人短期资金需求（如发行债券时同日资金到位需求）。

第五，信用证（letter of credit）。银团信用证贷款授信用来满足借款人贸易融资业务中开立信用证的要求。

三、银团贷款的特点

银团贷款是相对于传统双边贷款的一种贷款形式，具有以下特点：

第一，一致性。一致性指银团各成员行基于相同的贷款条件，使用同一贷款协议。在银团贷款筹组阶段，不同的贷款人根据各自不同的信贷风险偏好，作出了同样的信贷授权决定，使贷款人对银团贷款项目和借款人有了更加全面的评估和认识，对风险的把控能力更为到位。因此，许多贷款人的信贷决策部门更愿意他们的下属机构参与银团贷款。

第二，独立性。独立性是指银团的参与行根据牵头行提供的信息备忘录进行独立的判断和评审，作出贷款决策。这是银团能够组成的根本和基础，保证了银团的稳定性和安全性。

第三，统一性。统一性是指银团贷款法律文件签署后，由代理行统一负责合同的执行和贷款管理。在银团贷款中，代理行更接近"大管家"的角色。它根据银团贷款协议和贷款参与方协议行使职责，全部成员行基于信任，委托代理行代为处理各项工作。

第四，比例共享。各参贷行依照银团协议约定的出资份额提供贷款资金，并按比例回收贷款本息。比例共享原则在银团的其他方面也有体现，比如银团会议的表决等。这充分体现了银团中的公平原则，即风险、收益和权利都是对等的。

第五，灵活性。银团贷款最大的特点是给予借款人灵活性，可根据借款人特定的现金流周期，满足其各种投资、发债要求，可满足借款人不同期限、不同提款日、不同豁免日的要求，提前还款也没有罚金。近年来，银团贷款创新增加了许多新条款，如延期选择权（extension option）、贷款金额增加结构（accordion structure）等，可以更灵活地满足借款方的需求。

第六，简单化。对借款人来说，银团贷款的授信机制非常简单。无论银团贷款金额有多大，银团参与方有多少，无论是用于流动资金还是并购贷款，借款人只需面对代理行一家。代理行负责银团贷款的提款安排，确保本息偿还机制的正常运作以及必要的行政和合规程序的履行。

第七，深化银企关系。银团贷款常常是银企业务关系建立的基础。在银团贷款协议中作为条件约束，只有参与银团贷款的银行才能与借款人叙做其他金融产品，如现金管理、外汇、利率保值和债券等。

第八，保密性。银团贷款不需对外正式公布，具有保密性。尤其是银团贷款用于并购目的的，借款人不希望市场知晓其并购目的，从而对并购目标的股价造成影响。

第九，成本低。从借款人综合发行费用看，只需支付牵头安排费、代理费、法律咨询等费用，费用相对较低。银团贷款有利于帮助企业在市场内建立公开记录和树立公开形象。另外，无论借款人资质有无外部评级皆可办理银团贷款。提款人还款方式灵活，不需要监管机构登记。

第十，其他特点。对于参贷银行来说，银团贷款有利于银行分散信贷风险、改善信贷结构；有利于提高资产流动性，使文本和转让机制标准化，方便信贷资产在银行同业间流转；有利于金融市场安全运行和健康发展。同时，银团贷款有利于参贷银行提高对借款人的信用识别度有利于防范风险、扩大市场影响，起到品牌宣传效果。

第二节 银团贷款的发展历史

银团贷款起源于20世纪60年代,是现代化大生产、经济全球化和金融国际化的产物,但其具体起始于何时很难说清楚。据相关资料记载,首笔银团贷款于1967年出现于美国纽约。1968年,以美国银行家信托公司与雷曼兄弟银行为牵头行,有12家银行参与,金额为1亿美元的国际银团贷款成功对奥地利发放。从此,国际银团贷款作为一种中长期融资的重要形式正式登上了国际金融的大舞台。

欧洲于1968年4月10日发行了首笔欧元银团贷款,借款方为标准银行(Standard Bank),银团代理行为三井住友信托银行(Mitsui Trust)。从此,国际银团贷款在欧洲兴起,成为重要的中长期融资工具。

在我国,20世纪80年代初,中国银行首次参与国际银团贷款业务。1986年,由中国银行和中芝兴业财务有限公司牵头筹组的北京香格里拉饭店等值4500万美元银团贷款被认为是我国国内首笔银团贷款,共11家银行参与。

自从1967年银团贷款作为一种中长期融资工具正式登上国际金融舞台,银团贷款便得到了迅速发展,逐步成为全球债务市场的主流业务,其发展历程大致可以分为三个阶段。

第一阶段是1967年至20世纪80年代中期。这段时间银团贷款的服务对象集中在基础设施建设领域，以欧美发达国家的公路、电力、石化和通讯等基础设施建设项目融资为代表。1967—1982年，这类银团贷款经历了自产生以来的快速兴起阶段。全球范围内，1968年银团贷款的总额为20亿美元；1973年迎来了第一个高峰，达到195亿美元；1981年达1376亿美元，占当年国际资本市场长期贷款融资额的74%。1982年银团贷款开始进入了停滞和萎缩阶段。

第二阶段是1987年至20世纪90年代末。在这段时间里，银团贷款迎来了以并购杠杆交易为主的第二个发展高潮。1987年以后，由于拉丁美洲债务危机的缓解，银团贷款又重新兴起。20世纪80年代，得益于一系列杠杆融资活动的出现、高杠杆融资的复苏及高收益债券市场的重新开放，美国的并购融资活动特别活跃。相应地，美国的并购融资银团贷款也异常火爆，成为了20世纪90年代末市场的主流。1999年前后，西方很多跨国公司都发起了创纪录的并购交易，融资金额巨大。

第三阶段是20世纪90年代末至今。以银团贷款二级市场交易为主的金融创新促进了银团贷款市场与资本市场的融合。20世纪90年代，随着巴塞尔协议的实施，银行业得以更加灵活主动地管理自己的贷款投资组合。这种对资金流动性管理的需求促进了银团贷款二级市场的快速发展。美国、欧洲和亚洲分别成立了美国银团贷款与交易协会（LSTA，1995年）、欧洲贷款市场协会（LMA，1996年）和亚太贷款市场协会（APLMA，1998年），并通过这些协会提供标准的操作程序和格式规范的贷款文本。

银团贷款在我国起步较晚，但发展较快。1997 年，为规范银团贷款业务，充分发挥金融整体功能，更好地为企业，特别是国有大中型企业和重点项目服务，中国人民银行制定并发布了《银团贷款暂行办法》。这是我国第一部全国性的银团贷款监管法规，对促进银团贷款业务在我国的规范发展起到了重要作用。2007 年 8 月，中国银监会颁布了《银团贷款业务指引》。这份文件是对 1997 年中国人民银行颁布的《银团贷款暂行办法》的进一步修订和丰富，是规范银团贷款业务运作行为、加强同业合作、强化资产质量的一项新举措。2011 年中国银监会对该指引作了进一步修订，发布了修订版的《银团贷款业务指引》。成立于 2000 年 5 月的中国银行业协会是中国银行业的自律组织。银团贷款与交易专业委员会（以下简称银团委员会）是中国银行业协会领导下的全国性银团贷款专业组织，成立于 2006 年 8 月 28 日。该委员会成立后，首先，以《银团贷款业务指引》为指导，于 2008 年 9 月召集委员会各成员行共同签署了《银团贷款合作公约》；其次，为推动银团贷款一级市场发展和二级市场交易，银团委员会先后制订并发布了《银团贷款前端文件格式文本》《银团贷款合同示范文本》《银团贷款转让交易示范文本》《银团贷款参与各方行为规范》和《银团贷款转让交易规范》等一系列规范性文件，对推动银团贷款一级市场发展和二级市场交易产生了重大影响。

纵观银团贷款的发展历程，无论处于哪一发展阶段，银团贷款市场的繁荣程度始终与世界经济周期的波动密切相关。20 世纪 80 年代拉丁美洲债务危机、2008 年全球金融危机、2012 年欧美债务危机、2019 年疫情危机均对银团贷款市场产生了巨大影响,市场也相应产生了波动,详情见图 1-1、图 1-2、图 1-3。

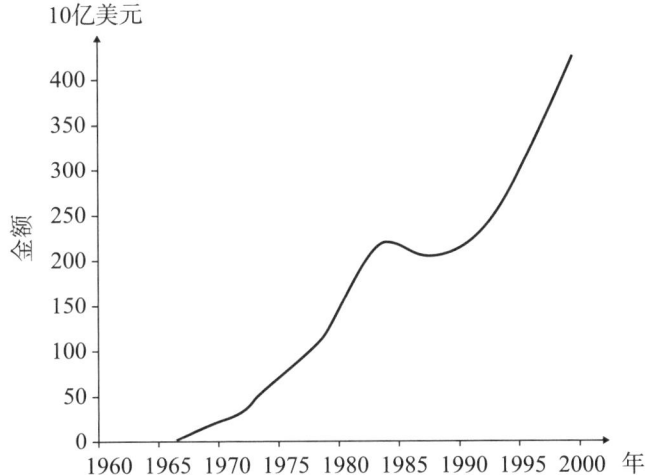

图 1-1　国际银团贷款发展情况示意图（1960—1997 年）

资料来源：邹小燕,《国际银团贷款》。

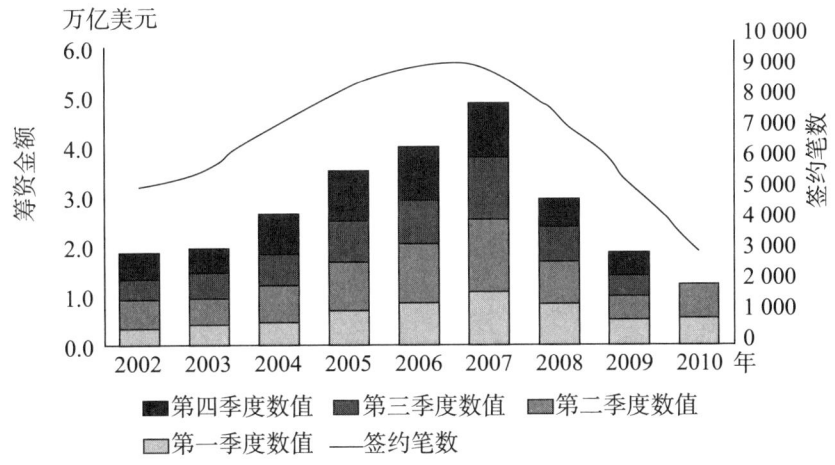

图 1-2　2002—2010 年全球银团贷款变化趋势

资料来源：Thomson Reuters Syndicated Loan Review 2010。

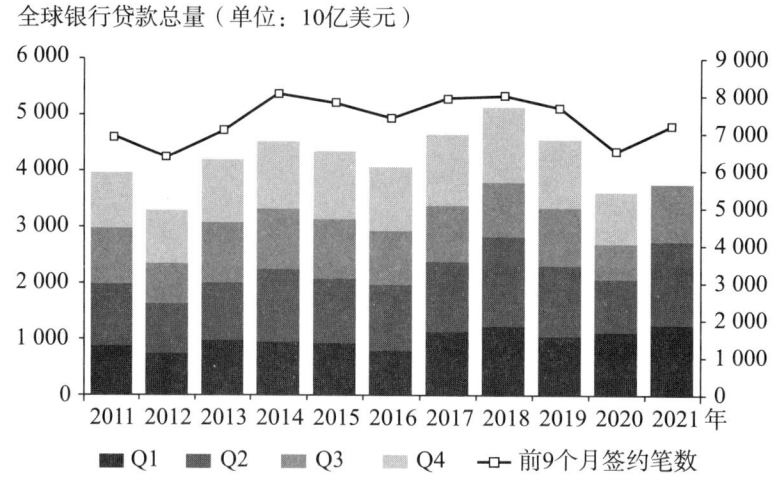

图1-3　2011—2021年9月全球银团贷款数据

资料来源：Refinitiv Global Syndicated Loan Review 2021。

图1-2、图1-3是2002年至2021年9月全球银团贷款总量和签约笔数的统计。从图中可知，全球银团贷款总量于2002—2007年呈逐年上升趋势。2008年受美国次贷危机及全球金融海啸影响，全球信贷市场总量迅速下降，导致银团贷款规模2008年、2009年有较大降幅。截至2009年末，全球银团贷款规模1.81万亿美元，创十年新低。随着世界经济逐步复苏，2010年全球银团贷款规模有所上升，2011年底接近4万亿美元。2012年由于欧美债务危机的影响，全球银团贷款规模又跌至3.2万亿美元。2013—2019年，随着全球经济复苏，银团贷款规模又经历了平稳上升阶段，2018年达到约5万亿美元规模。2019年底随着疫情蔓延，全球经济受到严重打击，产业链中断，经济活动停滞。2020年全球银团贷款规模下降至约3.7万亿美元。2021年随着全球疫情逐步得以控制，经济活动逐步恢复，全球银团贷款

规模又增长到 5.1 万亿美元。2022 年预计全球银团贷款又将迎来新的增长阶段。

第三节　银团组成及职责

银团由多家具有贷款资格的金融机构共同参与组成，主要由牵头行或安排行（lead arranger）、代理行（agent bank）及参与行（participating bank）构成。这些金融机构按照银团贷款合同约定的各自承贷比例履行职责，享受权益，承担风险。参加银团贷款的银行之间的关系和行为由《贷款人之间协议》（Intercreditor Agreement）加以规范。实践中，各家银行对其在银团中的名位十分看重，除了参贷份额（allocation）竞争外，对银团地位角色（title）的竞争也十分激烈。接下来，本书将对银团主要成员角色进行介绍。

一、牵头行

牵头行（lead arranger）是一家或一组接受客户书面委托（mandate letter）筹组银团并安排贷款分销的银行，是银团贷款的组织者和安排者。牵头行在分销银团贷款份额时，可以采用包销（underwriting）或是尽最大努力分销（best effort arrangements）的策略。其主要职责包括接受借款人的委托（mandate letter）、对借款人及项目进行贷款前尽职调查（due diligence）、设计融资结构（financing structure）、进行市场测试（market sounding 或 market testing）、寻找潜在贷款银行（origination）、制订筹组时间表（timeline）、编制信息备忘录（information memorandum）、向潜在参加行推荐项目（loan briefing）、代表各成员行与借款人谈判（negotiation）、确定贷款条件（term sheet）、组织召开银团会议（meeting）、协调成员行之间的关系（coordination）、聘请律师及相关中介机构（agents）、起草贷款合同等法律文件（drafting facility agreement）以及安排银团签约和宣传（facility agreement signing & promotion）。

由于牵头行承担了大量的工作和责任，因此，银团贷款的前端费（upfront fee）一般都会支付给牵头行，并由其进行支配。对于金额较大、涉及多个国家和地区及多币种的银团贷款，除牵头行外，还可设定一个或若干个副牵头行（co-lead arranger）或联合牵头行（joint lead arranger）来协助工作。

二、代理行

代理行（agent bank）是受银团委托，负责贷款后续管理的银行。代理行可以由牵头行担任，也可由银团贷款成员协商指定另外的机构担任。通常代理行会由贷款管理经验丰富和结算能力强大的商业银行来担任。代理行从法律意义上讲是贷款人的代理人，其主要职责包括安排提款（drawdown）、安排借款人还本

(principal repayment）付息（interest payment）、贷后管理（post-loan administration）、负责借款人与银团成员之间的沟通（borrower/lender communication）以及处理违约事件（event of default）。在结构比较复杂的银团贷款中，还可将代理行细化成财务代理行（administration agent）、银团组织行（syndication agent）、文本代理行（documentation agent）、担保代理行（security agent）等。

代理行的工作很重要。如果代理行因为行为过失或不作为造成银团利益损失，银团有权根据银团贷款协议的约定予以更换，并要求代理行对相关损失进行赔偿。

三、参加行

参加行（participating bank）顾名思义就是银团的参与行，其主要职责包括参加银团会议、按照约定及时足额划拨资金至代理行指定的账户以及在贷款存续期间对借款人的日常经营与信用状况的变化进行实时跟踪了解。如发现异常情况，及时通报代理行。参加行在接到银团邀请（invitation letter）及信息资料后，应进行独立评估，认真研究银团贷款合同的法律风险、该合同所依据的授信条件、借款人公开的信息范围、合同中规定的承担义务，不依赖牵头行及其判断和评价。

四、顾问行

顾问行（advisor）并非银团中必需的角色，职责范围也不确定。其主要职责是以顾问的身份帮助借款人安排银团贷款相关事宜,其工作主要发生在银团贷款前段。按照国际惯例,为避免利益冲突,银团贷款的顾问行一般不再作为贷款人提供融资。投资银行、会计师事务所常常担任此角色。

第四节　银团贷款的操作流程

一、银团贷款的流程

银团贷款的流程按时间顺序大致分为三个阶段:获取委托阶段、筹组银团阶段、协议执行阶段,如图1-4所示。下面将具体展开进行介绍。

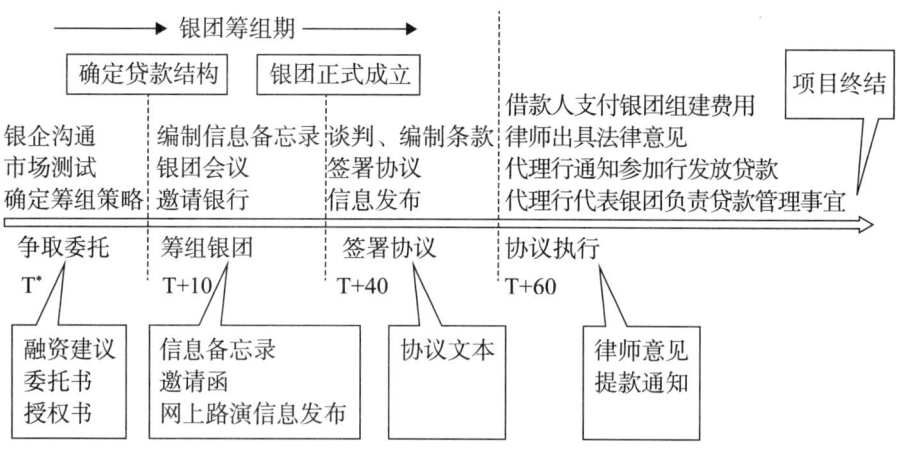

图1-4　银团贷款流程示意

（一）获取委托阶段

获取委托阶段主要分为四部分内容，分别为：

第一，业务发起。业务发起是指银行根据借款人或项目的具体背景，确立营销目标，进行贷款分析和评估，争取业务机会。

第二，融资结构设计。融资结构设计是指银行根据借款人需要和项目特点，量身设计既符合借款人需求，又能被银行和市场接受的融资结构和条件。

第三，作为潜在委托安排行，银行要完成内部的信贷审批。

第四，获得借款人委托安排。获得委托是指银行提交融资建议书，争取借款人的银团筹组委托书。

（二）筹组银团阶段

筹组银团主要包括以下几方面内容：

第一，准备信息备忘录。一旦获得借款人的书面委托，委托安排行组织力量编写项目信息备忘录（Information Memorandum）。

第二，银团分销。通过向有兴趣参加银团的银行分发信息备忘录或举行银行推介会，介绍借款人背景、融资项目和主要融资条件、银团筹组策略、融资结构等。

第三，额度分配。根据银团额度的分配原则和银行的承销意愿，按不同档次对各家银行包销金额进行分配，即最终分配（final allocation）。

第四，文本确定。起草贷款协议（Facility Agreement）、担保文件（Security Deed）和银团贷款的相关协议，通过与各方面谈判、磋商，讨论确认协议。

第五，签约仪式与广告宣传。组织签约仪式与广告宣传工作。

（三）执行阶段

银团贷款执行阶段主要包括两方面内容：

第一，银团放款。代理行审查借款人是否满足提款前提条件，出具符合条件证明书，建立操作档案。担保权益代理（security agent）代表银团保存担保权益文件。如需要，还要到政府部门进行担保登记。代理行向参加行提交提款通知书。银团参加行根据代理行提交的提款通知书将资金拨转到代理行指定的账户上。

第二，贷款管理。银团代理行进行日常的贷后管理（post-loan administration），安排借款人依据银团贷款协议还本付息。如有需要，代理行随时组织召开银团会议，研究处理相关事宜，并负责收集整理借款人和项目的相关信息通报给银团参加行。

二、银团贷款各环节操作步骤

银团贷款各环节操作各有侧重，紧密衔接。下面将对银团贷款不同阶段的相关步骤作详细介绍。

（一）发起银团贷款

银团贷款业务的发起，主要是围绕争取借款人委托书（mandate letter）来展开，主要包括以下四个方面的内容。

第一，借款人和项目评价。为了争取获得借款人的银团贷款安排委托书，银行设计周密而有竞争力的银团贷款结构是重要环节。为此，银行需要对借款人的情况和项目背景进行详细了解，对银团贷款风险作出评估，这一步至关重要。一方面，银行需要了解和评估借款人所属行业的发展前景、在行业中的竞争优势、管理团队经营管理水平、企业财务状况、资信情况和业务实力等，还要了解借款人是否能与银行建立稳定良好的合作关系，是否为本行重点支持对象，是否了解并接受银团贷款产品及操作方式等。另一方面，银行要对项目背景情况作深入的研究和评估，包括项目是否为借款人的核心业务以及在金融市场是否有影响力；项目的发展前景、盈利前景以及风险状况；相关资产可否进行抵押担保；项目的融资需求特点等。在向客户提交融资建议书之前，银行需要对授信风险和分销风险进行初步的评估。一般来说，银行为充分保护自己，应出具不具法律约束力的融资建议书，以尽最大努力筹组银团。对于有时客户要求投标银行以全额包销或者部分包销（underwriting）的方式筹组银团贷款，银行应持谨慎态度，且需要按照各自的内部要求履行必要的评审程序。通常情况下，只有在对授信风险和包销风险进行评审并获得审批后，银行方可对外出具具有包销承诺的融资建议书。

第二，设计银团贷款结构。银行根据借款人的财务现状、项目背景和融资需求制订专门的融资方案，通过产品结构化设计提升产品价值，对满足客户的融资需求非常重要。设计融资结构的重点考虑因素包括借款人情况、项目背景、期限结构安排、货币结构安排、担保结构安排、税务结构安排、财务指标设定和法律结构安排。随着国际金融市场的发展，一些融资产品和融资结构也日趋标准化、规范化，更便于银行从业人员借鉴使用。

第三，市场测试。在正式发出银团贷款邀请文件前，银行需要对银团贷款市场同业的风险偏好和收益偏好做到心中有数。因此，在必要的情况下，安排行要做好市场测试（market sounding 或 market testing）。市场测试可以在获得借款人委托书之前或之后进行，通常是以电话的形式或专门走访的形式，联系市场上一些具有代表性或影响力的银行，探讨其对客户的看法、对银团贷款条款和条件的看法，从而评估组团成功的可能性到底有多大，并将结果反馈给借款人。

第四，准备贷款条件清单。贷款条件清单（term sheet）是全面反映融资结构的基础文件，制作贷款条件清单力求准确、全面和清晰，使借贷双方、银团成员、融资律师都能对融资条件有准确的理解。

贷款条件清单是融资建议书的主要组成部分，也为将来融资协议的起草确立了初步框架。不同项目情况会导致融资条件和结构千差万别，但有些条款常作为通用条款使用，以保护银行的利益，主要有：借款人；贷款人；贷款货币、金额；贷款用途；贷款期限；贷款产品类型；提款、还款方式；担保人；抵押物；提款前提条件；相应的融资文件；声明与保证；约定事项；贷款利率；安排费率；承贷费率；代理行费率；违约利率；杂费；税务安排；适用法律及司法管辖；银团贷款市场出清条款（clearing market）；市场变动条款（market flex）。

（二）出具融资建议书

融资建议书是银行向借款人发出的争取委托书的投标文件，也可视为一种报价。融资建议书是银团贷款流程中的关键文件，是贯穿银团筹组到最终签约的主线。如果银行只是提交意向性融资建议书，应在文件中作出明确表述。融资建议书一般包括以下五个方面的内容。

第一，贷款条件。贷款条件一般以条件清单的方式列出（term sheet）。

第二，收费条件。融资建议书要列出银团筹组过程中或完成后将收取的安排费、参加费、包销或承销费、承诺费、代理费、中介费等。银行收取的安排费、参加费、包销或承销费等通常以前端费（upfront fee）名义按贷款额的百分比一次性计收。费率（fee rate）根据当时的金融市场条件、客户信用、操作难易来确定。代理费（agent fee）是对代理行承担整个银团的贷款管理、资金管理、账户管理等工作的报酬，按年支付。中介费（agent fee）包括但不限于向会计师事务所、律师事务所、资产评估事务所、保险机构、市场咨询机构等支付的费用，原则上由借款人根据实际支出另行支付。

第三，承销或组团方式。银团贷款有三种承销方式：全额包销、部分包销和尽最大努力推销。其中，尽最大努力推销也是市场上最常见的方式。

第四，融资安排时间表。一般而言，银团贷款的执行时间为4—8周，具体时间视文件、谈判过程的复杂程度而定。由于每笔银团贷款都具有独特性，其筹组的程序及所需时间不尽相同。

第五，其他内容。在融资建议书中，一般银行会列举本行的优势和以往叙作大型银团贷款项目的经验，内容可以包括在银团贷款市场的品牌优势、以往筹组大型银团项目列表、专业团队、同业网络、项目执行的保障能力等，也可列举本行具备为客户提供其他配套服务的优势，如贸易融资、债务管理及保值、财务顾问、现金管理、资本市场融资等。

（三）委托

借款人对各银行提交的《银团贷款融资建议书》进行综合分析比较后，选择其中条件最适当的银行作为合作银行，并出具银团贷款委托书。原则上，借款人只委托一家银行，但在大型银团贷款项目中，借款人可能把委托安排行的角色授予几家银行共同分担，如簿记管理行、代理行等。其中，簿记管理行（book runner）对银行的技术能力和组织能力有较高要求，是一家银行实力与市场地位的表现。在国际银团贷款的市场排名中，通常会以承担簿记管理行角色的笔数与金额作为排名的标准。该环节主要涉及以下三个方面的内容。

第一，委托书主要内容。委托书主要内容包括借款人接受发起银行的贷款条件和分销银行的责任。借款人在委托书中须对牵头行筹组银团贷款的分销方式进行明确。分销方式有四种，分别为牵头行全额承销方式，即若各参与行承诺贷款之和小于银团贷款总金额，则牵头行须对差额部分进行承销；牵头行全额包销方式，即借款人通常要求设定一个基准承诺额，牵头行对基准承诺额与银团总额之间的差额部分进行承销；牵头行部分包销方式，即牵头行只对银团贷款总金额中的部分融资实行承销，对其他融资部分不承销，同时，牵头行对上述两部分融资不足造成的银团筹组失败不承担任何责任；牵头行尽最大努力推销方式，即牵头行按照银团贷款筹组程序开展工作后，努力促成该银团贷款，但对于各参与行实际承诺不足造成银团贷款失败不承担任何责任。

第二，借款人对牵头行的授权。借款人对牵头行的授权内容包括五个方面。一是选择银团的副牵头行、代理行和参加行，并决定其在贷款银团内部的分工。二是制订贷款银团的筹组策略，安排贷款日程。三是决定聘请律师和相关咨询机构。四是根据借款人提供的资料，代表客户编制信息备忘录，准备及起草贷款合同等有关文件，组织贷款合同及其他相关文件的签字仪式。五是采取一切牵头行认为根据法律、国际银团贷款惯例要求必要的行动和措施。

第三，市场排他条款。借款人对委托行出具的银团贷款委托书具有排他性，在委托书中要列明市场排他条款。

（四）包销与分销

包销与分销环节主要包括以下六个方面的内容：

1. 邀请包销行

首先，拟定初步邀请名单。在确定是否邀请某银行作为包销行时，通常考虑以下因素：是否为借款人指定或建议的银行，有的银行与借款人有良好的业务往来关系，为此请借款人向牵头行建议邀请该行参加；被邀请的银行是否有充足的包销和分销能力；牵头行与被邀请的银行之间是否有过密切的合作往来；被邀请银行在某一地区或某一类别的银行中是否有足够的声望。

其次，召开银行会议。

再次，分配包销费。根据银团贷款的惯例，管理费分为三个部分。第一部分是牵头安排费，这是对主牵头行组织银团，为促使银团成功所付出的人力和技能的回报。第二部分是包销费，是对包销行和分销行承销贷款承担风险的回报，通常是分配给承担包销责任的主牵头行、安排行。第三部分是参加费，凡是参加该银团贷款的成员行均可分得参加费，具体比例依承诺金额而不同。

最后，确定保留和分销的目标。安排行会首先声明其在包销份额中愿意保留的贷款金额（final take or retention level）及将会分销给其他银行的目标金额（sell-down target）。其他银行也会参考安排行的基准（benchmark），同时表明其最终保留（optimal level）及分销的目标金额。如承贷额仍不足，各家银行将继续讨论如何达到整体的保留及分销目标。

2. 编写信息备忘录

信息备忘录是借款人经济、财务、组织结构等方面的内容及有关项目评估方面的基本资料，通常由安排行以借款人的名义编制并分发给潜在参加行。一般来说，信息备忘录的信息来源全部由借款人提供，而安排行作为资料的整理及传送者在编制信息备忘录的过程中，不会对该等资料的准确性及完整性进行核实，避免对任何资料进行任何主观评论。

信息备忘录的信息和文件资料应尽可能完备。完整结构应包括封面、免责声明、授权书、银团时间表、联系人名单、目录、正文、附录。其中需要格外注意三点：牵头银行的免责声明必须在第一页提出，以防止信息备忘录可能引起的法律责任；信息备忘录中涉及借款人公开或未公开的各种信息，安排行向潜在参加行分发前需要获得借款人的授权书；信息备忘录是应感兴趣的银行要求而分发的，但一般需要首先得到对方银行的保密承诺函（confidentiality agreement）。

信息备忘录的正文根据具体项目情况进行安排，一般要求包括：交易概要、交易结构和主要条款、公司概况、借款人的法律地位及概况、公司或项目的概况及市场分析等、行业概况、担保人介绍（主要包括法律地位、法定代表人概况、财务状况、担保方式等）、抵押物介绍（主要包括抵押物的名称及概况描述、权属情况、价值估算、位置等）、历史财务信息、借款人提供的前三年经会计师事务所审计的财务报表（列明上述财务报表中的主要情况）、有关财务比率列表（如流动比率、存货周转率、销售利润率、资本利润率、资产负债率等）、财务预测。

信息备忘录附件通常包括：有关借款人、担保人、抵押物等的相关证明文件，如借款人、担保人成立的批准文件、营业执照；借款人、担保人公司的合同章程、近三年的财务报表、相关项目立项及批复文件、借款人自筹资金到位情况证明、担保人同意提供担保的承诺等。

3. 一般分销

一般分销通常分为三个步骤，具体包括：

第一，确定参加行费率。在一笔银团贷款的筹组过程中，委托安排行对借款人收取费用的多少和高低是其市场经验和专业能力的综合体现。这不但要求委托安排行具有十分丰富的工作经验和高超的专业素质，还需要对市场不断地跟踪了解，体察市场的细致变化和发展趋势，培养良好的"市场感觉"。

在银团贷款中，借款人除了向贷款人支付各项杂费外，还要一次性支付一笔管理费，委托安排行根据参加行各自的承诺按不同形式进行分配，具体分为四种形式，分别为安排费或牵头费、包销费、参加费和剩余全额（归委托安排行所有）。一般来说，安排行会依据以下情况决定每一家参加行应得的管理费比例：一是为该笔交易得以成功筹组所投入的人力、技术及专业水平；二是借款人对银团贷款的期望；三是贷款方案的报价情况；四是银团贷款的现行市场状况；五是牵头行如何设计该笔交易；六是潜在参加行对费用分配的接受程度的基本估计等。银团贷款费用分配策略是委托安排行成功筹组银团贷款的重要保证。委托安排行通过费用分配策略鼓励包销行尽最大可能承诺并保留贷款份额，同时一些中小银行也可以根据自身的资本实力和风险偏好选择一定参加份额。对于参加行来说，参加的份额越多，所得到的参加费越多。

第二，确定邀请名单。选择邀请银行时，普遍采用的选择标准是：借款人的主要往来银行、被认定有兴趣与借款人建立业务关系的银行、从市场获知消息而主动要求参与的银行、对某行业市场特别感兴趣或活跃于该融资市场的专业银行、安排行较熟悉的银行、设备销售商的主要银行（如果贷款将用于购买设备）以及具有一定地域代表性的银行。

第三，发出邀请函。安排行以电子邮件方式向拟邀请的银行发出正式邀请函，邀请函内容大致包括：保密承诺函、主要条件及情况（包括借款人、贷款金额、贷款期限）、参加费分配（列出已拟定的参加行费率表，将贷款人地位、贷款承诺额与费率一一对应）、银团筹组时间表、信息公开（应确保银团的所有信息披露和新闻公布都必须通过委托安排行的同意）、贷款承诺时限、保密条款、安排行联系人信息、附录（包括银团贷款参贷承诺函格式）。在潜在参加行签署保密协议并发送安排行后，安排行会向该行发出该银团的信息备忘录。

4. 安排路演

路演（road show）由安排行代借款人组织安排，借款人借此向有兴趣的银行推销自己和介绍项目情况。路演一般安排在分发邀请函之后。路演的流程通常包括以下几项：首先，由安排行作开场白，引见借款人给银行；其次，借款人就公司历史与现状、财务状况、经营前景等作演讲，重点突出借款投向、用款安全及还款来源等；最后，由借款人回答与会者提出的问题。

5. 潜在参加行内部审批

邀请和路演完成之后，潜在参加行将进行内部信贷审批。通常这一过程需要2周到1个月的时间。安排行需要定期致电潜在参加行，询问审批进展和出现的问题等，解答潜在参加行的提问，并在必要时提供相关资料。

6. 潜在参加行承诺

潜在参加行陆续完成内部授信审批后，开始按照邀请函附录格式向委托安排行反馈贷款承诺函。安排行在收到承诺函后应予以审核。承诺函一定要使用委托安排行发出的承诺函格式，其中不应出现"有待于本行审批"或以其他某些条件的满足为前提的表述。

（五）额度分配

贷款份额分配方法有三种，包括：第一，承诺和持有法（take and hold），承诺和持有法是指包销行愿意按照表明的承诺金额保留贷款，而并非借助在一般市场的推销；第二，等比例保留法（pro rata retention），等比例保留法是指按比例冲减各家银行的包销额，直到一般分销筹集到足额贷款；第三，不等比例保留法（disproportional），不等比例保留法是指经过安排行的商讨，决定修改除"承诺和持有"之外的理想保留额，修改后的总额与包销金额相差的部分在市场上作一般分销，再按不等比例调整分销的金额。

在超额认购的情况下，一般经牵头行与借款人协商后，等比例减少各成员认购的份额，具体采取三种方式裁减：第一，先高层，后低层的减法，即牵头行带头减少保留额，其次是参加行，采用等比例或不等比例的办法；第二，逆向认购规模法，即认购规模越大，减少越多；第三，时间顺序法，即从最晚认购的银行开始做起，较早认购者少减或不减。

在认购不足的情况下，如为包销方式，牵头行对认购不足部分进行包销；如为部分包销方式，且牵头行包销部分超过认购不足部分，则牵头行对剩余部分进行认购，否则牵头行可与借款人协商减少银团贷款金额或决定银团组团失败；如为尽最大努力推销方式，牵头行可与借款人协商减少银团贷款金额或决定银团组团失败。

（六）文本制订

文本的草拟过程大致如下：

第一，安排行指示律师以框架清单条款为基础，参照所在区域银团贷款协会的标准文本格式准备起草协议第一稿。

第二，律师把第一稿协议递交安排行审阅并提出意见。

第三，安排行与律师将有关意见纳入协议并准备协议第二稿，以备送发给借款人审阅并提出意见。

第四，借款人和委托安排行及双方律师召开会议讨论协议。

第五，安排行和借款人就文本达成一致后再次修改协议，以备向其他参加行发送。

第六，参加行就协议内容提出意见，并且同安排行和律师进行协商。所有意见都应与借款人商议并达成一致方案。

第七，一旦所有意见都经讨论且达成一致，则可以开始准备签署版的协议文本。

（七）签约

签约环节大致分为三个步骤，分别为：

1. 签约前的准备

贷款协议的正式签署标志着该笔银团贷款的生效，因此无论是借款方还是贷款方对此都极为重视。为保证签约仪式（signing ceremony）的顺利完成，各方要通力合作，做好周密的安排和充分的准备。准备工作主要包括以下四个方面。

第一，对签约时间要有充分把握，确保可行。签约地点需对各方方便。

第二，文件均应由律师准备，确保准确无误。贷款文件一旦出现一处错误，哪怕是错字或标点符号错误，都必须由每一位签字人加注简签（initial）。

第三，银团贷款协议是贷款人和借款人订立的一种资金支持合同，借贷双方都必须具备订约能力，才能以双方的法律行为签订一项有效的借贷协议。具体来说，签约双方作为法人，必须通过适当授权的代表才能订立借贷协议。

第四，签约会场要做充分准备，确保圆满完成签约。

活动安排通常包括以下几个部分：主持人简要介绍项目背景，宣布签约仪式开始；嘉宾讲话（通常是借款人、银团牵头行代表等）；签字人上台就座；鉴签人上台；借贷双方签署协议；台上嘉宾举杯庆祝并合影留念；主持人宣布签约仪式结束；可酌情安排宴请。

另外，一些签字用品也要提早准备，如签字笔、礼品、水晶纪念碑、桌牌等。大型的签字仪式还要邀请新闻界人士参加。安排行要准备好统一的新闻稿，并与新闻界联系，确定如何刊登发布消息。

2. 正式签约

签字仪式开始后，通常由律师首先介绍注意事项，并在其主持和安排下签署协议的有关附件及协议正本。协议签署后，律师要将全部签署文件收集起来，核实协议签署无误，均由有效签字人签署，仪式后再分发给有关签字人，并正式通知代理行签署的协议开始生效。

3. 费用支付

签约仪式结束后，安排行向借款人结算整个银团贷款过程中产生的一系列杂费。如果当初双方商定一揽子（lump sum）的付费方法便简单很多，否则只能由安排行列出明细（breakdown）账单给借款人报销费用。

（八）放款

贷款协议签署后，贷款的工作就由代理行来接手负责了。借款人可在贷款协议的提款期（available period）内向代理行申请提款，包括初次提款和每次提款。初次提款（first drawdown）是指贷款协议签字后的第一笔提款，要求比较严格，一般规定提款期从贷款协议签字以后不超过两个月，如在规定的提款期内不提款，则视为主动放弃全部贷款，贷款协议自动失效，有时借款人还须赔偿贷款人的损失。

另外，对于第一次提款，银团贷款协议还规定了一系列先决条件（conditions precedent），这也是银团贷款协议的一个十分重要的组成部分。先决条件一般惯用条例包括组织和注册文件、公司文件和签字样本、财务证明、交易文件（包括融资文件、项目合同等）、与项目有关事宜、保险及其他。

先决条件条款中规定的所有文件资料收妥后，应全部交给律师鉴定是否是真实的、完整的和最新的，并请律师出具意见。该项工作要在第一次提款前全部完成。上述文件原稿应由代理行统一妥善保管，并指定专人负责。

每次提款（drawdown）指第一次提款以后的每次提款。除第一次提款以外，以后的每次提款无须重复提交许多证明文件和批准文件，只需要包括但不限于：检验师出具的借款未超过成本的证明、检验师出具的工程进度报告、检验师出具的贷款用途证明、借款人出具的提款通知书。

（九）贷后管理

贷款的日常管理由代理行负责，代理行依照银团贷款协议约定，对贷款进行贷后管理。代理行的职责大致如下：第一，审查、督促借款人落实贷款条件；第二，办理银团贷款的担保抵押手续，并负责抵（质）押物的日常管理；第三，制作账户管理方案，开立专门账户管理银团贷款资金，对专户资金的变动进行逐笔登记；第四，依照约定用款日期或借款人的用款申请，按照银团贷款协议约定的承诺份额比例，通知银团贷款成员将款项划到指定账户；第五，划收银团贷款本息和代收相关费用，并按承诺比例和银团贷款协议约定，及时划转到银团贷款成员行指定的账户；第六，负责银团贷款贷后管理和贷款使用情况的监督检查，并定期向银团成员行通报；第七，密切关注借款人财务状况，特别是影响借款人还款能力的重大事项，应在获借款人通知之日起三个营业日内通知银团成员行；第八，出现违约事项时，对违约贷款进行清收、保全、追债或其他处理；第九，组织召开银团会议；第十，接受银团成员不定期的咨询与检查，办理银团会议委托事项等。

第五节　银团贷款的风险管理

在银团贷款中，各参加行共同对项目进行调查，信息共享，独立进行信贷决策，同时运用集体智慧和参与各方的经验，争取有利的贷款条件和风险防范措施，因此，银团贷款通常被认为是银行分散信贷风险的一种方式。

银团贷款作为一种发生在借贷双方的信贷业务形式，具有同一般贷款相同的风险属性，同时，作为一种众多贷款人参与的特殊的贷款组织方式，银团贷款又具有自身独有的一些风险特征。下面本书将就银团贷款的一般风险和特有风险具体展开进行介绍。

一、贷款的一般风险防范

根据巴塞尔协议，风险常被分为三类。

第一，市场风险（market risk）。市场风险是指未来市场价格

（利率、汇率、股票价格和商品价格）的不确定性对企业实现其既定目标的影响。

第二，信用风险（credit risk）。信用风险又称"违约风险"，一般是指借款人不能按时足额还本付息的风险。同时，借款人信用等级下降、借款人还款能力受到负面影响也归入信用风险范畴。银行对客户信用风险的防范措施包括第三方保证、要求借款人提供抵押或质押等。对客户信用风险的监控在贷款存续期间需要持续进行。

第三，操作风险（operational risk）。操作风险是指由不完善或有问题的内部程序、员工和信息科技系统以及外部事件所造成损失的风险。这类风险通常贯穿于信贷业务始终，防范和控制的难度较其他风险而言更大。银行防范操作风险的措施主要包括建立合理的业务流程，使业务操作之间起到一定的监督、制约、复核的作用，减少人为失误和道德风险造成的损失；加强人才队伍建设和激励机制建设，形成与操作风险防范相容的正向激励机制；加强在信息安全、业务管理系统等方面的投入，通过科技手段加强操作风险防控，同时采取数据备份、系统定期升级等措施，减少信息系统应用本身带来的风险等。

二、银团贷款特有的风险及防范措施

银团贷款特有的风险主要包括以下五大类：

第一，筹组失败风险。银团贷款作为多家银行共同参加的一种贷款组织形式，受各种因素的影响，存在筹组失败的风险。防范筹组失败风险的主要责任在牵头行。在筹组阶段，牵头行应深入进行贷前调查，充分评估项目，合理设计银团运作模式，精心准备信息备忘录，与各参加行保持密切而有效的沟通，切实承担牵头行的责任，从而有效防范筹组失败的风险。

第二，集团客户的系统性风险。银团贷款的借款人多为集团客户，这类客户的股权结构复杂，关联交易频繁，资产在关联公司内部可以迅速转移。某一子公司如果发生较大风险，可能连带整个集团。这往往是银团不易察觉的，导致集团客户贷款风险有隐蔽性、复合性和滞后性。防范集团客户风险的措施包括：对集团企业授信采取"统一授信，分级管理，适时调整"的原则，集中对集团企业授信进行风险控制，加强银团成员行间的信息沟通和共享，共同防范风险等。

第三，期限风险。多数银团贷款具有期限长、金额大的特点。这意味着在贷款存续期内各种变化发生的可能性增大，还本付息的不确定性也增大。对此，银团应加强对贷款所在行业的风险因素的持续分析，必要时可要求借款人提供补充担保等措施；对于一些项目，可以通过银团的二级市场进行转让，以达到规避风险的目的。

第四，法律风险。银团贷款业务复杂，参与方众多，有关法律安排涉及的内容较一般贷款多，需要严谨的法律安排，确保对银团贷款参与行的权利和义务作出了详尽的规定，避免日后的纠纷和争议。防范法律风险的重心体现在银行与借款人签订的借款协议中。全球各地区的银团贷款协会制订了各种范本，对防范银团贷款中的法律风险可以起到积极作用。

第五，业务操作风险。银团贷款涉及方多，操作复杂，业务操作风险不容忽视，稍有不慎，就会引起法律纠纷和索赔。鉴于此，相关银团贷款协会通过银团贷款业务指引或手册，对银团贷款业务操作进行规范。如国家金融监督管理总局印发了《银团贷款业务指引》，对银团贷款的各成员的权利义务、银团贷款的筹组及参加流程进行了指导性的规范。美国银团贷款与交易协会印发《银团贷款交易手册》，对美国的银团贷款业务操作给予指导性规范。按照协会的指引进行业务操作，可以起到一定防范操作风险的作用。

三、银团贷款的风险处理机制

银团贷款的风险处理机制由牵头行组织各参加行协商制订，或者由牵头行制订并编写在银团贷款信息备忘录中。参加行同意并承诺相应份额后，将风险处理机制作为重要条款写入《银团贷款协议》。因此，牵头行在银团筹组阶段的风险处理机制的确立上起着决定性的作用，而风险处理机制的组织和实施，则有赖于代理行。代理行在贷后管理和风险处理上居于最重要的地位。

（一）银团贷款的风险处理机制

第一，回避风险（risk avoidance）。回避风险是指采取措施主动避开损失发生的可能性。风险回避可能包括取消某个产品、减缓新市场的扩展或者出售某些资产的行为。回避风险意味着风险处理行为的费用将会超过期望盈利,或者没有任何应对措施可以将风险概率和影响降低到可接受的水平。这种方法具有很大的局限性,因为并不是所有的风险都可以回避。

第二,降低风险(risk reduction)。降低风险是指采取措施减轻风险概率或风险产生的影响。降低银团贷款风险的具体做法有:对某一资产种类的风险降低、某客户的风险降低(即对单一客户的风险控制在一定限制之内)、某投资工具之类的风险降低、某国别的风险降低等。

第三,分担风险(risk sharing)。分担风险是指采取措施,通过转移和分担一部分风险来减少风险概率或风险产生的影响。风险分担是银团贷款所特有的风险处理机制,通常采取召开债权人大会,通过集体决策实施避险交易,将某项资产转出或增加风险分担者等措施稀释项目可能发生的损失。

第四,债务重组(loan restructure)。债务重组是指由于某些原因导致借款人预计到不能履行贷款协议的某些条款而对银团贷款协议的部分条款进行修改的过程,是银团风险处理机制实施的中心环节。债务重组的目的是通过债务人和债权人的重新谈判,达成双方可接受的贷款协议修订方案。

(二)债务重组的主要措施

第一,延长还款年限。此项措施主要针对借款人市场环境发生不利变化,现金流短缺,再融资具有一定困难,不能按时还本付息的情况提出。

第二，调整银团分期还款计划。此项措施主要适用于中长期项目融资，通过减少开始几年的还款比例，相应增加还款年限，以降低项目现金流的压力，提高项目的自偿性。

第三，增加贷款金额。采取本措施的原因有两方面：一是超支，二是补充流动资金贷款。一般而言，银行大多不会对超支项目追加贷款。如果项目前景良好，超支原因是不可控制因素造成的（如汇率大幅波动）而非项目管理不善所造成的，同时，项目的抵质押等担保措施将可覆盖增加债务，银团可考虑追加贷款。

第四，更换或增加担保条件。如果担保人经济实力变化或抵押品价值降低，银团应集体协商，要求借款人更换或增加担保条件。

第五，变更融资成本。一笔贷款要求重组，无疑反映了该笔贷款的风险发生了变化，银团应按照风险与收益匹配的原则，合理提出变更融资成本的要求。

（三）债务重组的程序

首先，借款人向银团提交详细的债务重组建议书。建议书应包括项目的最新进展情况、生产介绍和分析、债务重组的理由、债务重组方案、对项目现金流进行重估以及其他相关资料（包括批准债务重组的有关批文、董事会决议副本等）。

其次，借款人通过代理行召开银团会议，介绍债务重组事宜。

再次，进行法律文件的准备和修改。借款人和银团达成一致的重组方案后，代理行可聘请银团律师起草补充贷款协议，以修改现行贷款协议的某些条款，修改协议须经银团全体参加行讨论通过。

最后，签署和执行补充贷款协议。补充贷款协议定稿后，需要正式签署，但签署的协议并不立即生效，需要等补充协议中的先决条件全部满足后，该补充协议才算生效，债务重组才算完成，才算实现了银团贷款的一次风险处理。

第六节　银团贷款的转让交易

银团贷款转让是指银团贷款参加行在一级市场银团贷款安排结束后，将全部或部分其在银团贷款协议项下的权利或义务在二级市场卖给第三方。同时，银行也可通过银团贷款二级市场买入。

一、银团贷款转让交易类型

银团贷款的转让交易有不同的类型，不同的交易类型会引发不同的法律问题，如转让性质、受让人与借款人的关系、转让对债务人的影响以及借款人义务的解除是否受到贷款协议和有关法律的制约等。下面将进行具体介绍。

（一）约务更替

约务更替（novation）是贷款人有效出让融资合同项下所有

权利及义务的唯一方式。在贷款人变更（change to the lenders）中，约务更替与转让有明显区别，因为转让只能转让融资合同项下的权利（而非义务），而约务更替能够同时出让所有的权利和义务。约务更替过程是在有效地取消现有贷款人的权利和义务的同时，使新贷款人承担与此相应的权利和义务。约务更替的生效一般须融资合同各方的同意。在银团贷款实务中，具体的要求通常会在融资协议文本的相关条款中规定。大部分贷款协议都会将约务更替方式出让所要求的转让证书作为相关安排包含在合同中。一般情况下，转让证书的执行只需代理行、新贷款人和现有贷款人的参与。

（二）贷款转让

贷款转让（assignment）在英国法、美国法及中国法中有不同的表述，但一般情况下，国际贷款交易转让具有两个特点。第一，贷款合同中没有限制或禁止转让的约定。出让人和受让人对贷款交易转让达成意向并签订转让合同时，转让成立。转让仅限于部分权利，而非全部权利和义务。一般无须征得贷款合同项下借款人和其他债权人的同意，但原合同有约定的除外。第二，一般以书面通知借款人。若不通知借款人，则对借款人不具有效力。

（三）融资参与

融资参与（participation）指的是一家银行可以通过参与的方式将其贷款项下的风险转让给第三者而全然不涉及资产所有权的变动。参与方式是受让方新贷款行与出让方原贷款行之间的内部事宜，卖方未将债务中的法律权利和受惠权益转让给买方，因此买方也就不具备对借款人直接强制执行的权利。

实践中，参与通常分为风险参与和资金参与两种方式。其中，风险参与（risk participation）指对借款人信用风险的全部或部分转让，而不涉及任何实质性的贷款债权转让，也不会有任何参贷资金的支持。作为承担风险的对价，参与人向贷款人收取承担相应风险部分的风险参与费。如果借款人不能按时还本付息，贷款人有权要求参与人赔付相应款项，承担其承诺的相应部分的风险责任，而资金参与模式（fund participation）则是牵头行与客户签订贷款合同，并作为授予人与银行作为参与人签订参与协议，参与人与牵头行形成债权和债务关系。在放款阶段，参与人按照参与份额将款项划入牵头行指定的账户，由牵头行向客户发放贷款；在贷款回收阶段，借款人向牵头行偿还贷款本息后，由牵头行按照参与份额将相应款项支付给参与人。参与人与借款人之间没有直接的债权债务关系。参与人必须承担牵头行与借款人所产生的信用风险。如借款人资不抵债，参与人只能收取牵头行所追回的款项。如牵头行资不抵债，参与人只能以无担保债权人身份提出权利主张。资金参与模式具有双重信用风险。

二、银团贷款转让交易流程

银团贷款转让交易流程大致如下：

第一，确定受让方。确定受让方是出让过程的开始。

第二，签订保密协议。受让方确定后，交易双方就要对信息披露签订相应的保密协议。

第三，尽职调查。受让方应在交易日前独立负责对借款人的财务状况、资信情况、法律地位及其他情况进行调查、审查和评估，并据此独立作出判断。

第四，交易。受让方和转让方的交易通常是在电话上以口头方式进行。在其他的交易方式中，双方则遵从相互均认可的交易方式确认函中的条款。

第五，确认。在通常情况下，受让方和转让方会在交易时指定确认函的责任方。确认函会在交易完成的两个工作日内送交交易对方并要求在送交后的第二个工作日结束前提出异议或签署并返还责任方。

第六，第三方同意。在出让过程中，交易双方要征得第三方即借款人的同意。在这种情况下，转让方应尽快提出申请。是否通过代理行，要依据融资合同而定。

第七，交易文件。交易双方需指定交易合同文本的责任方。如按欧洲贷款市场协会规则，对于平价出让的交易，交易文件应在7个工作日内签署执行。另外，交易文本的执行应以第三方的同意和其他条件的满足为前提。

第八，结算。在结算日，转让价款将按约定支付。至此，受让方和转让方的出让交易在法律意义上正式完成。

第七节　银团贷款协议

一、概述

银团贷款协议是银团贷款业务中最核心的法律文件之一，是对银团贷款项目中包括借款人、牵头行、代理行、各贷款行及其他相关各方之间权利义务关系的固化，既是各方在贷前、贷中、贷后过程中据以行使权利和履行义务的基础，也是在纠纷发生时权威机关（法院或仲裁庭）依法裁判的主要依据。鉴于此，全球银团贷款行业对此非常重视。欧洲贷款市场协会（Loan Market Association，简称 LMA）、美国银团贷款与交易协会（Loan Syndications and Trading Association，简称 LSTA）、亚太贷款市场协会（Asia Pacific Loan Market Association，简称 APLMA）先后推出了自己的银团贷款协议标准文本，以期达到对银团贷款市场操作进行统一协调，降低贷款交易成本的效果。实践证明，上述机构制订的标准文本在各自相关银团贷款市场中得到了广泛的应用，大大节省了银团贷款项目的执行时间，提高了市场效率，对法院及仲裁机构解决银团贷款项下纠纷起到了良好的借鉴作用。

二、欧洲贷款市场协会

欧洲贷款市场协会（Loan Market Association，简称 LMA）1996 年在伦敦设立，该协会以欧洲市场为主，成立后推动制订了大量的协议文本，包括保密承诺函（Confidentiality Undertakings）、聘用函（Mandate Letter）、贷款意向函（Term Sheet）、承诺函（Commitment Letter）等，并制订推出了一系列贷款文件，包括投资级贷款文件系列（Investment Grade Documentation）、杠杆类贷款文件系列（The Leveraged Facilities Agreement）和杠杆类债权人关系协议（Leveraged Intercreditor Agreements）、高收益银团贷款文件（High Yield Syndication Loan）、房地产贷款类文件（The REF Facility Agreements）和房地产贷款债权人关系协议（The REF Intercreditor Agreement）、PXF 贷款类文件（The PXF Facility Agreement）。其中以下几份贷款协议文本常常被业界作为范本参考使用，包括多币种定期贷款协议（Multicurrency Term Facility Agreement）、多币种循环贷款协议（Multicurrency Revolving Facility Agreement）、多币种定期和循环贷款协议（Multicurrency Term and Revolving Facility Agreement）、单币种定期贷款协议（Single Currency Term Facility Agreement）、单币种循环贷款协议（Single Currency Revolving Facility Agreement）、单币种定期和循环贷款协议（Single Currency Term and Revolving Facility Agreement）以及风险参与主协议（Master Risk Participation Agreement)。

欧洲贷款市场协会在国际信贷市场中具有很强的影响力。在国际贷款交易中,英国法是主要的管辖适用法律,所以在业内,大部分贷款协议均基于欧洲贷款市场协会标准文本起草,详见表1-1。

表1-1　　　　欧洲贷款市场协会贷款文本主要条款名称

序号	中文条款名称	英文条款名称
1	定义与释义	Definition and Interpretation
2	贷款额度	the Facilities
3	贷款用途	Purpose
4	提款条件	Conditions of Utilisation
5	提款	Utilisation
6	其他币种	Optional Currencies
7	还款	Repayment
8	提前还款和取消	Repayment and Cancellation
9	利息	Interest
10	利息期	Interest Period
11	利息计算的变更	Changes to the Calculation of Interest
12	收费	Fees
13	税务补偿	Tax Gross up and Indemnities
14	成本增加	Increased Cost
15	其他补偿	Other Indemnity
16	债权人避险	Mitigation by the Lenders
17	成本和费用	Costs and Expenses
18	担保与豁免	Guarantee and Indemnity
19	事实陈述	Representations
20	信息承诺	Information Undertakings
21	财务限制	Financial Covenants
22	一般承诺	General Undertakings

续表

序号	中文条款名称	英文条款名称
23	违约事件	Event of Default
24	债权人更改	Changes to the Lenders
25	担保人更改	Changes to the Obligors
26	代理行和牵头行职责	The role of the Agent and the Arranger
27	债权人的行为规范	Conduct of Business by the Finance Parties
28	付款机制	Payment Mechanism
29	债务扣抵	Set off
30	通知	Notices
31	计算和证明	Calculations and Certificates
32	补救和豁免	Remedies and Waivers
33	修改和豁免	Amendments and Waivers
34	保密义务	Confidentiality
35	适用法律	Governing Law
36	争议解决	Enforcement
37	附件	Appendix

三、亚太贷款市场协会

亚太贷款市场协会（Asia Pacific Loan Market Association，简称 APLMA）1998 年在中国香港成立，是泛亚太地区贷款市场的市场自治组织，其推动制订的协议文本在很大程度上借鉴了伦敦贷款市场协会的标准文件，在此基础上对亚太市场作适应性修改，文本结构等基本一致。亚太贷款市场协会的宗旨是促进亚太地区贷款市场的发展以及增加市场的流动性。该协会每年会在亚太地区不同城市举办大量的研讨会、讲座等推广相关行业标准。自其成立以来,先后推出了一系列的贷款交易示范文本,包括贷款意向性函(Term Sheet)、聘用函(Mandate Letter)、保密协议(Confidentiality Agreement)等,特别是以下几份贷款协议文本:港币定期和循环贷款协议(适用中国香港特别行政区有关规定;HKD Term and Revolving Facility Agreement, Chinese Law)、多币种定期和循环贷款协议(适用英国法律;APLMA Multicurrency Term and Revolving Facility Agreement, English Law)、单币种定期贷款协议(多个借款人,多个保证人,适用英国法律;APLMA Multiple Borrower, Multiple Guarantor, Single Currency Term Facility Agreement, English Law)、单币种定期贷款协议(单一借款人,适用英国法律;APLMA Single Borrower, Single Currency Term Facility Agreement, English Law)、单币种定期贷款协议(单一借款人,单一保证人,适用英国法律;APLMA Single Borrower, Single Guarantor, Single Currency Term Facility Agreement, English Law)。

亚太贷款市场协会银团贷款协议一般包括以下十二个部分:

(一)定义与释义

该条款分两类,一是逐项约定银团贷款协议中使用的定义详情,二是约定银团贷款通用概念的一般解释,包括但不限于反腐法(Anticorruption Law)、反恐法(Anti-Terrorism Law)、反洗钱制裁制度(Sanction Authority/Anti-Money Laundering Law)、提款期(Available Period)、工作日(Business Day)、承诺额(Total Commitment)、最后还款日(Final Repayment/Maturity Date/Termination Date）、多数贷款人（Majority Lenders）、利差（Margin）、债务人（Obligors）包括借款人和担保人、第三方权利（Third Party Rights）等。

（二）额度详情及提款约定

该部分包括贷款额度、贷款用途、提款条件（包括首次提款前提条件和其他提款条件）、最大贷款金额、提款。

（三）还款约定

该部分包括还款、提前还款和取消。

（四）利息及费用

该部分包括利息、利息期、利息计算的变更、收费、资金中断成本（Break Cost）。

（五）其他支付义务

该部分包括税务补偿和抵扣、成本增加、其他补偿。

（六）保证条款

该部分包括担保和补偿（Guarantee & Indemnity）、持续性担保（Continuing Guarantee）、复原（Reinstatement）、放弃抗辩（Waiver of Defenses）、直接追索（Immediate Recourse）、拨付（Appropriations）、担保人权利延后（Deferral of Guarantor's Rights）、额外担保（Additional Security）。

（七）陈述与保证、承诺事项、违约事件

1. 陈述（Statement）

陈述内容较多，常见的陈述条款有以下十四类。

（1）借款人在注册地注册存续、有权持有资产开展业务（Status）；

（2）有约束力的义务（Binding Obligation）；

（3）与其他协议的约定不冲突（Non Conflict with Other Obligations）；

（4）债务人已获签约所需的权利和授权（Power and Authority）；

（5）再次确认融资文件能在该债务人所在的司法管辖区内被接纳为证据（Validity and Admissibility in Evidence）；

（6）确认管辖法律及仲裁执行均有效（Governing Law and Enforcement）；

（7）确认银团项下的付款无需支付任何税费扣减，无需将银团贷款协议提交登记，无需缴纳印花税等（Deduction of Tax/No Filing or Stamp Tax）；

（8）无违约或合理预期可能发生的违约事件发生（No Default）；

（9）确认提交的材料没有误导（No Misleading Information）；

（10）确认提供的财报真实准确反映经营和财务状况（Financial Statements）；

（11）确认除法定优先权外，本协议项下的债务与其他非优先的债务处于同等地位（Pari Passu Ranking）；

（12）确认没有对债务人重大不利的诉讼或威胁提起诉讼（No Proceedings Pending or Threatened）；

（13）授权签字人均有权签署（Authorized Signatures）；

（14）重复性陈述在每次提款时及每个利息期开始时重复进行（Repetition）。

2. 信息承诺（Information Undertakings）

信息承诺条款内容主要包括按要求提供财务报表、合规证明以及其他一般对外提供的资料，承诺获知违约情况时需通知代理行，债务人按要求向参贷行提供借款人资料。

3. 财务约束条款（Financial Covenants）

常见的财务约束条款包括如总负债、息税摊销前盈余比不得超过某个比值等。

4. 一般承诺（General Undertakings）

该条的承诺在贷款协议项下，债务存续期内一直有效。常见的承诺条款包括不抵押承诺（Negative Pledge）、处置（Disposal）、合并（Merger）、业务变更（Change of Business）、收购（Acquisition）、贷款及保证（Loan and Guarantee）、财务负债（Financial Indebtedness）等。另外对于债务人不涉及反洗钱、制裁、反恐、环保等情况的陈述与保证一般也在此规定。

5. 违约事件（Event of Default）

违约事件条款包括以下十三个方面的内容：

（1）债务人未按期支付应付款项（Non payment）；

（2）已约定的财务承诺未被满足（Financial Covenants）；

（3）违反银团贷款协议的其他约定（Other Obligations）；

（4）银团贷款协议项下所作的陈述和声明在任何重大方面是

或被证明是不正确的、误导性的（Misrepresentations）；

（5）交叉违约（Cross Default）。如债务人其他的财务负债违约（包括逾期或被宣布提前到期执行等）即构成本协议项下的违约事件，相应债权人有权选择宣布债务人债务到期并立即还款（即加速到期条款）；

（6）债务人资产价值低于其负债（Insolvency）；

（7）债务人涉及任何破产、债务重组、清算等被采取相应法律程序（Insolvency Proceedings）；

（8）债务人控制权或所有权变更（Ownership of the Obligors/Change of Control）；

（9）债务人履行银团协议项下义务不合法（Unlawfulness）；

（10）任何债务人拒绝履行任何融资文件或有证据显示有意拒绝履行任何融资文件（Repudiation）；

（11）债务人停止营业（Cessation of Business）；

（12）重大不利影响事件（Material Adverse Change）；

（13）加速到期，主要明确约定了如债务人违约，债权人有权取消额度，宣布提前到期和还款等权利（Acceleration）。

（八）合同方变更

该条约定合同方变更的条件和程序。主要包括以下三部分内容：

第一，变更的方式。在银团协议项下，正式的转让一般有两种，即贷款转让（Assignment）和约务更替（Novation）。

第二，变更的条件。转让的时候，现在的贷款人不对将来的贷款人就银团贷款文件的合法有效效力、借款人的财务状况陈述的准确性等方面作任何陈述与保证，也不承担任何相应责任（Limitation of Responsibility of Existing Lenders）。

第三，变更的程序。首先，新旧贷款人之间签署银团贷款协议附件中已预先制订好的转让凭证模板；其次，代理行收到该签署的转让证书后，根据转让证书上填写的转让金额、日期，于预定的转让日期执行该转让，更新其登记的银团信息。贷款转让的程序与约务更替的程序基本相同。另外，转让生效的另一个前提是，代理行须对新贷款人完成所有要求的尽职调查。转让完成后，代理行应将一份转让证书副本发送给借款人。

（九）贷款人之间的关系约定

一般情况下，此类条款在各个银团贷款协议中均较为稳定，不会有大的变化。其中主要条款包括以下七个部分。

第一，代理行的职责（Duties of the Agent）；第二，安排行的职责（Role of the Arranger）；第三，代理行承担的仅为一般的代理责任，并非更加严格的信托责任（No Fiduciary Duties）；第四，代理行按照银团定义的多数贷款人的指示行事（Majority Lenders' Instruction）；第五，除非是由于代理行的重大疏忽或故意不当行为直接导致，代理行在任何融资文件项下或就融资文件作出或不作出任何行为，不承担责任。代理行没有义务为各参贷行进行尽职调查等程序。此类操作由各参贷行自己负责，不能仅依赖代理行的陈述（Exclusion of Liability）；第六，各参贷行要赔偿代理行因代理事务招致的任何损失，并按参贷份额分担

(Lenders' Indemnity to the Agent）；第七，代理行可辞任，但辞任前须指定继承者，辞任仅在找到继任者时生效。多数贷款人可要求代理行辞任（Resignation of the Agent）。

（十）支付机制、通知及杂项

此类条款内容主要包括以下三个部分：

第一，款项退回（Clawback）。款项退回是指代理行向其他协议方付款的前提是其已确信收到了该款项。如果事实上该款项未收到，则相关方要将代理行已支付的款项退回。

第二，部分支付（Partial Payment）。部分支付是指如果代理行收到的款项不足以支付债务人在融资文件项下到期应付的所有款项，代理行须按以下次序支付该笔款项，以履行该债务人在融资文件项下的责任。首先，按比例支付融资文件项下任何行政方的任何未付收费、费用及开支；其次，按比例支付按融资文件属于到期但未付的任何累积的利息、费用或佣金；再次，按比例支付按融资文件属于到期但未付的任何本金；最后，按比例支付按融资文件项下到期但未付的任何其他款项。如果多数贷款人作出指示，代理行可更改上述先后次序。

第三，对等文本（Counter Parts）。对等文本是指每份融资文件可采用多份对等文本方式签立，其效力与各文本均在同一份文本上签署的效力相同。银团协议常见的签署方式是各参贷行各自签署自己的签署页，然后将其寄给代理行装订成册。

（十一）管辖法律及争议解决

此类条款内容主要包括以下四个部分：

第一，管辖法律（Governing Law）。管辖法律是指银团协议根据主要贷款人的地点及借款人的地点选择法律，如使用亚太贷款市场协会格式合同，常用的适用法律为中国法律或英国法律。

第二，争议解决（Enforcement）。争议解决是指一般选管辖法律当地的法院诉讼，某些合同也可选择中国香港、英国伦敦、新加坡市等地仲裁中心仲裁。选择法院管辖的方式有两种，一种是非专属管辖，即相关方可在选定的管辖地之外的其他地方起诉；另一种为专属管辖，各方仅可在选定的法院起诉。银团一般为专属管辖。

第三，诉讼文书送达（Service of Process）。诉讼文书送达是指为便于加快诉讼进程，某些银团会约定为债务人指定一个诉讼代理，当有法律程序需要通知时，通知该诉讼代理即被视为完成送达。

第四，放弃豁免（Waiver of Immunities）。放弃豁免是指如果债务人是国家主体、政府机关等，为避免其以主权豁免为由拒绝应诉或执行判决，一般协议会约定其放弃相关的豁免保护。

（十二）附件

银团贷款中常见的附件包括以下四类。

附件1：列明各原始参贷行及其份额。

附件2：列明借款人首次提款必须满足的前提条件，一般包括债务人的注册文件、公司章程等基础资料、查册、董事会决议、授权书、签字样本、董事证明书、相关的法律意见书。其他需要提交的材料包括各种登记的证明材料、授权，以及财务报表、相关费用支付的证据等。有些条件如果是要求在贷款承诺后满足的,则会增加一项后续满足的条件清单。

附件3:提款申请及选择利息期的通知书。

附件4:转让证书的模板。

其他附件还包括合规证明、现有担保、时间表以及其他需要约定的事项等。

以上简要介绍了亚太贷款市场协会银团贷款协议的主要条款。为适应澳大利亚贷款市场的操作惯例及法律体系,亚太贷款市场协会还推出了澳版银团贷款协议范本,称作《银团贷款协议》(Syndicated Facility Agreement,简称SFA),其主要条款与亚太贷款市场协会模板大致相同。

四、美国银团贷款与交易协会

美国银团贷款与交易协会(Loan Syndications and Trading Association,简称LSTA)成立于1995年,成立的目的是促进贷款交易市场公平、有效、有序、专业化发展。协会是非营利行业自律组织,成立以后先后制订了50多份标准格式和范本,有效规范了贷款市场的标准文本和操作程序,促进了美国贷款一级市场和二级市场的健康发展。尽管美国银团贷款协会主要侧重于贷款二级市场的有序交易,但是美国银团贷款协会通过对《贷款协议条约范本》(Model Credit Agreement Provisions,简称MCAPs)的制订和修订规范着贷款一级市场的活动。

《贷款协议条约范本》于 2005 年 5 月开始生效使用。2011 年美国银团贷款协会对其进行了除税务条款外的全部修订，修订版于 2011 年 3 月 25 日生效。此次修订最重要的变化是增加了新的违约债权人条款。主要修订原因是 2008 年雷曼兄弟公司破产后，出现有的债权人银行在银团贷款中违约的现象，引起银团中其他债权人银行的恐慌和担忧。银团贷款与交易协会因此决定作此修订，以降低债权人银行的风险。2011 年 8 月 10 日，银团贷款与交易协会发布了《贷款协议条约范本》新的有关税务的条款。此次修订是银团贷款协会与时俱进对市场条件变化作出的反应。该修订主要有两大变化，分别是增加了基本预提款条款（Basic Withholding Tax Provisions）和海外账户税收合法（FACTA）条款。2014 年 8 月 8 日美国银团贷款协会再次对《贷款协议条约范本》进行修改，增加了 DQ 结构。该结构有利于借款人有效识别哪些机构不符合资信要求，不能通过转让或参与形式成为银团贷款的借款人。

最新的《贷款协议条约范本》修订版于 2022 年 5 月 4 日公布。主要有三点变化：增加了错误支付条款（EPP 条款）、修改了保密条款和信用证条款和增加了美国爱国者法案条款。此次修订并未涉及从伦敦银行间拆放利率（LIBOR）到美国担保隔夜融资利率（SOFR）的过渡带来的变化。

美国银团贷款与交易协会 2005 年 5 月推出《LSTA 贷款协议条款范本》（LSTA Model Credit Agreement Provisions，MCAPs），其主要内容如表 1-2 所示。

第一章 银团贷款概述

表1-2　　　　　　　　　　　MCAPs主要内容

序号	中文条款名称		英文条款名称
1	定义		Definition
2	一般术语		Terms Generally
3	收益保护		Yield Protection
	第一部分：成本增加		Increased Cost
	第二部分：税		Taxes
	第三部分：减少损失责任及变更贷款人		Mitigation Obligations and Replacement of Lenders
4	抵扣权		Rights of Setoff
5	贷款人分享支付款		Sharing of Payments by Lenders
6	代理行的支付款项退回		Administration Agent's Claw back
7	代理		Agency
	第一部分：任命和授权		Appointment and Authority
	第二部分：贷款人权利		Rights of the Lender
	第三部分：免责条款		Exculpatory Provisions
	第四部分：代理行可依赖条款		Reliance by Administration Agent
	第五部分：代理责任分担		Delegation of Duties
	第六部分：代理行的辞任		Resignation of Administration Agent
	第七部分：不得依赖代理行和其他贷款人		Non-Reliance on Administration Agent and Other Lenders
	第八部分：无其他责任等		No other Duties etc.
8	通知、有效性、电子通讯		Notices, Effectiveness, Electronic Communications
9	费用、免责、损失豁免		Expenses, Indemnity, Damage Waiver
10	继承与转让		Successors and Assigns
11	适用法律和管辖权等		Governing Laws, Jurisdiction etc.
12	放弃陪审团审判		Waiver of Jury Trial
13	对等文本、完整性、有效性、电子签署		Counterparts, Integration, Effectiveness, Electronic Execution
14	保密		Confidentiality
15	合同样式及附件		Exhibits and Appendices
	转让证书样式		Assignment and Assumptions Exhibits
	《贷款协议条款范本》附件		Appendix

五、中国银行业协会

中国银行业协会是中国银行业的自律组织，成立于2000年5月，其主管单位为国家金融监督管理总局。协会下设11个专业委员会，其中银团贷款与交易专业委员会（以下简称银团委员会）成立于2006年8月28日，是协会领导下的全国性的银团贷款专业组织，致力于推进我国银团贷款一级市场发展和二级市场建设，本着"合作、发展、共赢"的宗旨，推广银团贷款理念，促进同业合作，鼓励有序竞争，维护银团贷款与交易市场秩序，引导银团贷款与交易市场的健康稳定发展。银团委员会自2007年以来，先后制订并发布了《银团贷款前端文件格式文本》《银团合同示范文本》《银团贷款转让交易示范文本》，同时银团委员会还陆续发布了《银团贷款参与各方行为规范》和《银团贷款转让交易规范》，对我国银团贷款交易市场进行有效引导和规范。

中国银行业协会《银团贷款合同示范文本》借鉴了国际上银团贷款的样本范例和市场习惯准则，主要包括：定义与解释、贷款额度、贷款用途、提款、利息、还款、提前还款和取消、付款规定、税费及其抵扣、成本增加、法律变动、减轻损失、事实陈述、约定事项、违约事件、银团成员行关系、费用和补偿、转让、各银团成员行权利义务的关系、保密义务、修改、通知、债务证明、宽限和部分无效、合同文本、适用法律和争议纠纷解决、生效，以及附件1贷款人初始承贷额、附件2文件确认书格式、附件3提款通知格式、附件4转让证书格式和附件5各方账户签字页。

第二章 对银团贷款协议的理解和应用

要做好矿业国际银团贷款工作，银行从业人员就要扎实做好两项重要的基础工作。其一是对业务所在区域通用的银团贷款协议有全面深入的了解，从而能够与借款人进行有效的谈判，并在律师的帮助下起草银团贷款文件。其二是对借款人及相关矿山项目进行系统的评估，有效识别风险，做好风险防范措施，确保银团贷款交易顺利完成。

本章着重探讨对国际银团贷款协议的理解和应用。

第一节　银团贷款的当事人

银团贷款协议是银团贷款业务中最核心的法律文件，是对银团贷款项目中借款人、牵头行、代理行、各贷款行之间权利义务关系的法律规定，既是各方在贷前、贷中、贷后据以行使权利和履行义务的基础，也是发生纠纷时权威机关（法院或仲裁院）依法裁决的主要依据。贷款协议的内容反映了借贷双方、贷款方之间各自的商业诉求，是各方通过协商达到利益平衡的结果。

银团贷款交易中，借款人最基本的考虑是如何在适当的时间拿到所需的贷款，并且使用贷款带有一定的灵活性，以满足其业务运营需要。因此，借款人在银团贷款协议中最关心的内容是费用和成本、贷款的使用、如何提款、何时偿还、使用贷款后对其业务运营的影响、万一自己违约后受惩罚最小等。

银团贷款交易中，贷款人最主要的考虑是如何安全回收贷款本金和按时收到贷款利息。为此，除了对借款人进行信用评估和担保安排之外，贷款人还会在银团贷款协议中采取一系列的保障措施，包括通过陈述和声明、承诺等条款对借款人的业务经营和未来发展进行监督和约束；对贷款资金进行有效控制，规定资金用途、金额、提取贷款资金的条件、在一定条件下需要提前偿还等；通过违约事件条款设置提前预警机制，在出现预警的情况下可强制执行，保障回收贷款本金。

银团贷款交易中，贷款银行之间存在着既合作又博弈的关系。一方面，作为个体，其利益诉求是希望保证自己在银团中的地位和利益，责任得以划清，银团成员之间的关系条款对此有完整的体现，理清了牵头行、代理行、参与行的责任与义务；费用和补偿条款则很好地反映了银团成员间的利益分配。另一方面，作为银团整体，希望银团可以有效决策，集中管理，确保银团贷款交易有序进行，银团表决机制条款就很好地反映了这一点。同时，银团成员行还需要有一定灵活性，可以在二级市场中进行银团贷款的转让。转让条款就对此作了约定。

在谈判和起草银团贷款协议之前，理解借贷双方、贷款人之间的关系和利益诉求非常重要，只有理解了各方的不同关切点，才能有效地把握贷款协议的重点内容，兼顾各方不同利益和诉求，以便争取各方协商达成一致，并落实到贷款协议的条款中去。

第二节　银团贷款协议条款的分类

银团贷款协议条款虽然繁多，从格式上可分为两类：范式条款（或称硬条款）和非范式条款（或称软条款）。范式条款是在任何银团贷款项目中都具有的普适性条款，是构成银团贷款协议的骨架，其内容很少因贷款项目不同而改变，也不构成银团贷款各方谈判的焦点。这类条款主要包括利率和利息期确定方式、利息支付方式、还款和提前还款、税费补偿、违约事件发生后的救济措施、银团成员间的关系、银团表决机制、费用和补偿、贷款转让、借款人抵消的禁止等。非范式条款涉及因贷款项目不同而通常可以在各方协商的基础上加以变更补充式删减的条款，比如提款先决条件、强制提前还款的情形、借款人声明和陈述、借款人承诺、违约事件的构成、管辖法律和争议解决方式等。在实践中，提款先决条件、借款人声明和陈述、借款人承诺和违约事件的构成常常是借贷双方谈判的焦点，因为其内容不仅决定了借款人在何时可以获得贷款资金，也决定了借款人在使用贷款资金的过程中必须遵守的原则以及在什么情况下必须承担违约责任。

从当事人角度还可将银团贷款协议中规定贷款人与借款人权利义务的部分称为信贷条款，又可细分为财务类信贷条款和管理类信贷条款，将规定银团各成员行关系的部分称为"金融条款"。

本章将按此分类加以介绍。

综合分析国际银团贷款市场上广泛使用的各种银团贷款协议标准文本可以发现，一份银团贷款协议的主要内容如表 2-1 所示。

表 2-1　　　　　　　　　银团贷款协议的主要内容

条款序号	条款名称
条款 1	定义和解释（Definition & Interpretation）
条款 2	贷款额度和贷款用途（Facility and Purpose）
条款 3	先决条件及提款程序（Conditions Precedent & Utilities）
条款 4	利息（Interest）
条款 5	还款（Repayment）
条款 6	税费（Taxes）
条款 7	声明和陈述（Warranties and Representations）
条款 8	借款人承诺（Borrower Undertakings）
条款 9	违约事件和救济措施（Event of Default and Remedies）
条款 10	银团成员之间的关系（Members' Relationship）
条款 11	费用和补偿（Fees and Indemnity）
条款 12	转让（Assignment and Transfer）
条款 13	适用法律和争议解决办法（Governing Law and Enforcement）
条款 14	保密（Confidentiality）
条款 15	主要附件（Appendix）

对于以上银团贷款协议条款，本书概括分为三类来介绍、解释和应用。

第一类为财务类信贷条款，具体包括条款 2 贷款额度和贷款用途、条款 3 提款程序、条款 4 利息、条款 5 还款、条款 6 税费和条款 11 费用。

第二类为管理类信贷条款，具体包括条款 1 定义和解释、条款 3 先决条件、条款 7 声明和陈述、条款 8 借款人承诺、条款 9 违约事件和救济措施、条款 13 适用法律和争议解决办法和条款 14 保密。

第三类为金融条款，具体包括条款 10 银团成员之间的关系、条款 11 补偿和条款 12 转让。

第三节　财务类信贷条款

财务类信贷条款是对有关贷款规模、贷款类型、贷款利率、还款期等方面的商业内容的约定。具体而言，财务类信贷条款包括贷款额度和贷款用途、提款程序、利息、费用、还款、税费等。财务类信贷条款是贷款协议中最基本的内容，主要取决于贷款人和借款人之间的商业约定。通常在开始起草贷款协议之前，贷款人和借款人已就财务类信贷条款达成一致。所以，在贷款协议的起草过程中很少会就此类条款进行协商或谈判。下面将具体展开进行介绍说明。

一、条款 2 贷款额度和贷款用途

（一）贷款额度

贷款额度是贷款的最基本要素之一，是必备的条款。在银团

贷款交易中，银行根据借款人的融资需求，结合借款人的财务状况、融资项目以及担保等情况为借款人核定一个贷款的最高限额，通常称为贷款额度（facility amount）。借款人可在约定的授信额度内提取和使用贷款。贷款额度的币种和金额必须明确。币种的约定可以是单一币种也可以是多币种。在多币种情况下，银行可能会采取两种方式设定贷款额度，即银行在贷款协议中就不同币种的贷款分别设定授信额度。各提款币种与相应的贷款额度一一对应，不存在任何币种汇兑造成的不确定性；或者银行以一个基准币种设定贷款额度，借款人可以在该单一贷款额度下以允许的多个币种提取贷款，但是各币种贷款换算成基准币种后，其总数不得超过贷款额度金额。这种方式存在一个币种换算问题。

货币额度可以是承诺性贷款额度（committed facility）或非承诺性贷款额度（uncommitted facility）。承诺性贷款额度只要借款人满足了贷款协议中约定的各项提款条件，并按照授信协议的约定提出提款申请，贷款人必须发放贷款；并且，在相关贷款到期之前，只要借款人没有发生违约，贷款人也无权要求借款人提前还款。非承诺性贷款额度，是指在贷款协议中明确说明该贷款额度是"非承诺性"的，并规定贷款人在决定是否接受借款人的某个提款申请时具有完全自主决定权。通常，非承诺性贷款额度都伴随着随时还款条款（On-demand Clause）。基于随时还款条款，贷款人有权随时要求借款人偿还全部或部分贷款，无论借款人是否存在违约。

贷款额度又可分为定期贷款额度与循环贷款额度，二者有所不同。所谓循环贷款额度，是指借款人可以循环使用的额度，即借款人一旦偿还任何部分的贷款，其占用的贷款额度就自动释放，可供借款人再次提用。而定期贷款额度是不可循环的贷款额度，不可重复使用，一旦提用贷款，其相应的贷款额度即相应取消，即使贷款偿还也不会恢复。

定期贷款额度（term facility）是贷款人向借款人提供的承诺性贷款额度，由借款人一次性提取（在某些情况下也允许分次提取），贷款期限固定，借款人按照约定的计划还款，在到期日清偿全部贷款。如果借款人提前偿还贷款，偿还部分不得重新提取。定期贷款的期限通常为1—5年，对于信用较好的借款人有可能延长到7年。

定期贷款额度中，贷款人通常会给予借款人一个期限，允许借款人在这个期限内提取贷款，当然需要以满足约定的先决条件为前提。这个期限叫作提款期（availability period），有时也叫作承诺期（commitment period）。提款期过后，如果借款人没有提取贷款，贷款人的贷款承诺将失效，不再有义务向借款人提供贷款。借款人需要向贷款人支付一笔承诺费，以承诺额和提款期为计算基础，按照一定的比例计算。

定期贷款额度更多地用于项目贷款。提款期的设置使借款人可根据项目的进度来使用贷款，减少利息支出（当然相应地需要支付承诺费），同时又给予了借款人一个还款的宽限期，从而无须在项目建设完成前就面临还款压力。通常情况下，提款期与所融资的项目建设期保持一致，这样就可确保项目建设期间始终能使用贷款。而还款期则设定在项目的运营期间,这样项目产生的现金流就可以直接用于还款。

循环贷款额度(revolving facility)允许借款人在一定期限(额度有效期)内提用短期贷款,贷款提前偿还后在额度有效期内仍可以继续提供。循环贷款额度可以是承诺性的,也可以是非承诺性的。

循环贷款额度项下贷款的期限一般为1个月、2个月、3个月或6个月。期限届满时,借款人可以选择还款,也可以选择续借(roll-over)。续借被视为偿还了之前的到期贷款,同时又提用了一笔新的贷款。由于循环贷款的期限较短,而且放款灵活,因此一般是在每笔贷款的到期日还本付息,而没有专门的还款计划和付息日。

循环贷款额度由于具有"循环使用"的功能,因此,必须在协议中对此加以明确说明,即借款人在偿还或提前偿还贷款之后可以再次使用因此释放出的授信额度。循环贷款额度多用于流动资金贷款。

循环贷款额度有利于节约借贷双方协商贷款协议的成本,维持双方稳定的融资关系。不过,循环贷款额度使银行具有向借款人持续放款的义务,因此通常银行将相关额度设定为非承诺性的额度,并在协议中保留终止协议的权利。

(二)贷款用途

贷款协议必须约定贷款用途,即借款人如何使用贷款资金,这是贷款协议中最先出现的银行对借款人资金使用施加影响的条款。贷款用途必须合法。贷款用途条款的主要目的是保护银行的利益,银行通过该用途条款,以及监督贷款使用的相关条款,确保贷款资金用于贷款人所了解并同意的项目或交易,从而有效地控制贷款风险。如果违反约定用途,将构成贷款协议项下的违约事件,则银行有权要求借款人返还贷款资金。一般而言,贷款的用途主要可分为以下几类:流动资金贷款、项目贷款和固定资产贷款。

一般情况下,贷款协议会对贷款用途作出详细而明确的规定,但是在流动资金贷款中可能无法实现。流动资金贷款主要用于企业的日常开支,其往往采用非承诺性的循环贷款额度,企业可在需要时随时提用。这也意味着企业可能无法对贷款资金将来的用途作出非常明确的判断,从而很难在贷款协议中作出详细描述。因此,贷款协议往往会以比较模糊的方式描述流动资金贷款的用途,如"用于日常生产经营""用于借款人日常流动资金需求"等。但这种不确定性会给银行带来一定风险,因此,银行往往通过一些其他的条款安排来对借款人作出限制。

与流动资金贷款不同,项目贷款和固定资产贷款在贷款协议谈判阶段就已完全了解贷款的用途,因此可以在贷款协议中明确规定。不过,尽管借款人可能无须在提款通知书中明确说明每笔提款的具体用途,但贷款人同样可能要采用一定的方式来确保贷款用途的实现。这在协议中可能表现为要求借款人提供相关支持文件以及要求以委托支付方式发放贷款。

借新还旧是指贷款到期(含展期后到期)后未归还,又重新贷款用于归还部分或全部原贷款的借贷行为，包括从同一银行借款或从其他银行借款。在国际信贷市场上，这样的交易非常常见，一般称为"再融资（refinancing）"。再融资主要出现在以下两种情况中：一是贷款到期时借款人尚没有还款来源，需要继续借款；二是贷款尚未到期，但是借款人能获得更便宜的资金，希望替换之前借得贵的贷款资金，以节约资金成本。

二、条款3 提款程序

贷款提取程序条款规定了借款人提取贷款的流程，具体包括以下三个方面。

（一）提款申请书

借款人在向银行申请使用贷款前必须向银行提交提款申请书（Utilization Request），在承诺性的定期贷款中也被称为提款通知书（Drawdown Notice）。

（二）提交时间

贷款人一般要求借款人在实际用款日前的特定时间提交提款申请书。提前的具体时间取决于银行内部的规定。之所以要求提前，是因为贷款人需要时间准备贷款资金。如果贷款资金源于银行间市场拆借，则一般银行需要提前几天（通常为两个营业日）在银行间市场锁定资金。

（三）申请书的填写要求

贷款协议一般会约定提款申请书的格式要求，并作为贷款协议的附件。借款人必须按照贷款协议的约定填写提款申请书，否则将会被认定为没有有效填写和提交。

三、条款 4 利息

利息是资金的价格，是借款人使用贷款支付的对价。利息一般按照一定的利率，根据借款人具体使用贷款的期限按日收计。本质而言，利息由两部分组成，分别为银行取得贷款资金的成本（即融资成本）和银行贷款业务的利润（即利差）。该条款主要包括两部分内容，利率和利息期。

（一）利率

根据利率确定方式的不同，可分为固定利率的利息和浮动利率的利息，前者常见于优惠贷款或政策性贷款，而后者则多为商业贷款。大多数商业贷款采用的都是浮动利率。所谓浮动利率（variable rate），就是在贷款期限内利率会根据银行的融资成本不断变动。浮动利率通常基于特定的市场基准利率（如 LIBOR）确定，并在该利率基础上加上固定的利差（margin）。利率条款又具体包括以下五个方面的内容：

1. 利差

利差（margin 或 spread）是银行的贷款利润，通常以基点（basic points，简称 bp）表示。一个基点即万分之一，50 个基点为 0.5 个百分点。银行通过在其融资成本上加一定的基点来实现其贷款收益。贷款的利差应该在贷款协议中明确规定，这是商业贷款协议中最重要的商业条款，尽管其可能低调地隐藏在贷款协议的定义条款中（常见的是利差的定义）。

2. 银行间市场基础利率

当借款人要求借款时，贷款人提供的资金通常来源于存款人存款或是从同业市场拆入的资金。银行实务中更多参考相关同业市场的资金价格来确定其融资成本，即银行将考虑从相关市场（如伦敦银行间市场）上的其他银行借入该笔款项所需支付的利息（即使实际上使用的是客户存款资金来发放这笔贷款），因为银行间市场拆借利率基本上反映了银行资金成本（cost of fund）。

银行间拆借利率一般采用报价制度，以拆借利率为基础，由参与银行每天对各个期限的拆借品种进行报价，对报价进行加权平均处理后进行公布。在国际贷款中，最为常见的是以伦敦银行间拆放利率（London Interbank Offered Rate，简称LIBOR）来计息。该利率是伦敦银行间市场中的银行愿意将相关币种的款项拆借给其他银行的利率。LIBOR是由一家获认可的利率报价商（多是路透社）在一个显示屏上公布的利率，其能够反映各指定银行的利率，包括各个币种和期限。

除LIBOR外，世界其他主要金融市场也推出了各自的基准利率，如香港银行间拆放利率（HIBOR）、新加坡银行间拆放利率（SIBOR）、上海银行间拆放利率（SHIBOR）等。其运行机制与LIBOR类似，为该市场的主要流动性提供者（做市商银行）就一定期限、一定币种通过公开渠道报出的资金价格。

3. 利率的浮动

浮动利率并不意味着在计算贷款利息时,银行每时每刻均采用市场的利率来计算利息,而是以某一时点的市场利率为基础,确定未来一段期限(一般与贷款的利息期保持一致)的利率。以 LIBOR 为例,银行通常采用利息期开始前两个工作日伦敦时间上午 11 点的屏显利率作为相关利息期的基准利率。因此,浮动利率并不是每日浮动,而是以每一个利息期为一阶段浮动的。

4. 利率的通知

一旦利率根据贷款协议的约定确定后,贷款人有必要将确定后的利率通知借款人。在银团贷款交易中,由于贷款代理行负责确认贷款利率,因此,贷款代理行有必要将确定的利率通知所有贷款人。

5. 违约利率

违约利率是对到期应付而未付的款项适用的利率,也称罚息利率。实质上是指在未付款项本应使用的利率基础上加一个百分比,例如2%。在国际信贷市场上,上浮 2% 是比较常见且合理的。违约利率不能约定过高,因为违约利率属于违约金的范畴,是双方事先对借款人发生违约时所预估的损失。过高的违约利率会被认为是不合理的,可能得不到法院的支持。罚息比例可参照国际信贷市场惯例决定。

(二)利息期

利息期是借款人向银行支付利息的固定间隔期限,如利息期为 1 个月,那么借款人将每月向银行支付一次利息。一般情况下，银行会给借款人相当的灵活性选择利息期，以使其更好地计划贷款资金的使用和偿付。利息一般在利息期的最后一天支付。利息期条款又具体包括以下两个方面的内容。

1. 非营业日

如果付息日不是营业日，那么借款人可能无法正常付息。因此，贷款协议会对付息日落在非营业日的特殊情况作出约定，这些约定通常称为营业日法则（Business Day Convention）。营业日法则的市场惯例为若利息期原应在一个非营业日的日期结束，则该利息期应顺延至该月份内随后的一个营业日（如有）结束，或在该日之前的一个营业日结束（如该月份内其后再无营业日）。

2. 利息期末贷款的合并和分拆

在国际信贷市场上，贷款协议中往往有贷款合并和分拆的条款。合并条款允许多笔贷款如果利息期结束之日相同，则可以在该利息期结束之日进行合并，变成一笔贷款，这有利于贷款人管理贷款。分拆条款允许借款人在利息期最后一天将一笔贷款分拆为多笔贷款，这将方便借款人根据自身现金流和实际情况安排资金。

四、条款 5 还款

还款条款是贷款协议中的必备条款之一。还款的方式一般包括三类：按照贷款协议约定的还款计划进行还款、借款人主动提前还款、特定情况下的强制提前还款。下面将具体展开进行介绍。

(一)按计划还款

按计划还款是指在贷款正常的情况下,借款人按照贷款协议约定的还款进度安排进行还款。根据贷款是定期贷款还是循环贷款,贷款的偿还方式有所不同。若是定期贷款的还款,则有以下两种还款方式。

第一,到期一次性还款。到期一次性还款,又称为子弹还款(bullet payment)。在这种还款模式下,借款人在贷款期间只需要支付利息,无须偿还贷款本金。

第二,分期还款。分期还款是指在贷款期间按照一定的时间间隔,按照约定金额或比例偿还贷款本金。间隔时间比较常见的是3个月或半年。每一次还款的日期也称为一个还款日(repayment date)。贷款协议中可将还款日表述为某年某月某日。后一种情况下,具体还款日需要在提款日确定后方能确定。每一还款日偿还的本金金额可以是固定金额,也可以表述为贷款的一定比例。每次还款的金额可以是相同的,也可以是不同的,具体根据借款人现金流情况由借款人和贷款人协商。

若是循环贷款还款,则每一笔贷款需要在每一利息期的最后一日偿还,并在同一日发放一笔相同的贷款,这样,该笔贷款得以不断循环,并在最后到期日偿还。国际信贷实务中,循环贷款只是在账目上进行循环,利息期最后一日并不会有实际的资金流动,即没有借款人先还款然后贷款人重新放款的动作。尽管实务操作如此,但国际信贷市场上的贷款协议都不会明确说明借款人无须在利息期最后一日还款。因此，对借款人而言存在一定的风险，因为借款人必须在利息期最后一日还款，但贷款人可能由于破产或其他原因不重新发放一笔新的贷款。前述风险已经在雷曼破产事件中出现过。因此，伦敦信贷市场协会建议，在贷款协议中针对循环贷款增加一个"无现金支付"的循环条款，明确借款人可以不用在利息期最后一日进行现金支付以偿还贷款。

（二）自愿提前还款

自愿提前还款，也称为主动提前还款，是指借款人可在向贷款人发出通知后提前偿还贷款，不需贷款人另行同意。有的贷款交易中，贷款人可能不允许借款人主动提前还款。当然，大部分情况下，贷款人会允许借款人提前还款，只是会在协议中对提前还款作出一些限制或约定一些条件。常见的限制规定包括以下三点。

第一，关于提前通知的限定。借款人主动进行提前还款时，需提前通知贷款人，以便贷款人作出相应安排。提前通知的时间可以由借款人和贷款人协商。贷款人需要确认提前通知的时间是否充分，一般而言，提前5个工作日是必要的，有的银行可能会要求提前更长的时间，如30天。

第二，关于最低还款金额的限定。根据贷款人的资金来源，有的贷款人会要求借款人提前还款时必须全额还款。如果允许借款人部分提前还款，则会要求一个最低的还款金额或是其整数倍。之所以这样规定，是为了便于贷款人进行管理，避免借款人小额多次还款，增加工作量从而增加贷款人的管理成本。

第三，关于提前还款时间的限定。很多时候，银行会要求借款人在利息期的最后一日提前还款。如果提前还款不在该日进行，那么借款人需要向银行支付息差损失。

在定期贷款中，贷款人会要求必须在提款期过了之后才能进行提前还款。在某些情况下，为了避免借款人提取贷款后短时间又还款，给贷款人资金安排造成压力，贷款人可能会给借款人提前还款设置一个更长的时间，要求借款人必须在一段时间后才能进行提前还款，如首次提款日后满一年。

提前还款还会涉及提前还款费，提前还款费又称为息差损失（break cost 或 break funding cost）。在国际信贷市场上，一般银行的贷款资金都是从市场上筹集的，都有固定的期限，通常与利息期一致。如果不是利息期最后一日提前还款，可能会导致贷款人资金不能完全匹配，从而出现一些损失。

如果贷款由借款人分多次提款，并且提前还款时部分还款，那就存在提前还款先还哪一部分贷款的问题。贷款人往往希望按照倒序方式提前还款，即先还后到期的部分，这样可以缩短贷款期限，提前收回贷款本金。从借款人的角度，倒序还款方式可以节约利息成本。当然，有的借款人可能希望按照顺序还款，以便更好地利用贷款资金。

实务中，定期贷款的提前还款往往采用倒序方式进行。对于循环贷款，则一般很少采用倒序方式进行提前还款。

（三）强制提前还款

正常情况下，贷款人都希望借款人在贷款到期时按时偿还贷款。但是，在一些特殊情况下，当出现一些可能威胁到贷款安全的情形时，贷款人会强制要求借款人提前还款。强制提前还款的情形主要包括非法、控制权变更、以及一些其他情形，下面将具体展开进行介绍说明。

1. 非法

非法条款（Illegality）是指由于法律发生变化，限制银行向借款人提供贷款，此时银行有权要求借款人立即还款，从而避免银行违反法律。非法条款会对借款人造成很大的不便，借款人需要特别注意，特别是以下几点：第一，法律必须是适用的、有效的法律；第二，贷款人须提供相应的避免损失扩大的措施，如变更贷款的分行或转让给其他银行；第三，因非法导致借款人提前还款的，不得要求借款人支付提前还款费或罚息。

2. 控制权变更

控制权变更条款要求借款人在其控股股东发生变更时，须提前偿还所有贷款。为了界定控股权的变更，贷款协议需要明确定义控股权。控股的定义是协议的标准化内容，在实务上很少会就控股权的定义进行谈判或要求修改。很多时候银行向借款人提供贷款时看中的是借款人的控股股东，股东信用状况直接影响贷款人是否同意向借款人发放贷款。如果控股股东发生变更，借款人的信用也会发生变化，将改变银行同意发放贷款的基础。正因如此，贷款人希望借款人控股股东发生变化时，贷款人有权要求其立即提前还款。有些贷款人可能会要求将借款人控股股东发生变化作为一项违约事件。

控股权变更作为一项强制提前还款事件或违约事件，对借款人不是非常有利。借款人也有理由认为这一条款不是非常合理，理由包括：第一，借款人控股股东的变化不是借款人所能控制的；第二，借款人控股股东的变化并不会导致贷款发生损失；第三，贷款人通过陈述和承诺条款已经对借款人有充分的掌控。

尽管借款人有上述理由，但是，正如上文所述，贷款人出于贷款安全考虑，往往不会同意放弃这一控制权变更条款。作为一项妥协，贷款人可能会同意对该条款作一些限制，如增加一个协商期限，或者如果新的控股股东信用高于原控股股东则无须提前还款，不构成一项违约事件等。

3. 其他情形

在一些特定类型的融资交易中，贷款人根据项目具体情况可能会要求加入其他强制提前还款条款，比如在项目融资或杠杆融资中，比较常见的强制提前还款包括借款人出售资产、发生保险索赔所获得的款项，必须用于偿还贷款（无论贷款是否到期）。因为这些款项的获得是因为借款人发生了一些损失，而这些损失将会对借款人的偿债能力造成不利影响，所以贷款人为了贷款安全的考虑，会要求借款人将所获得的款项用于提前还款。

额度取消是指借款人在全部使用贷款额度之前取消全部或部分额度。额度取消条款仅适用于提款期内，因为提款期结束后所有贷款额度将自动降为零。额度取消条款的作用是降低可用承诺额度，从而减少借款人需要支付的承诺费。

在银团贷款中，贷款额度的取消将根据各贷款人的承贷比例相应减少每一贷款人的承诺额。一些有经验的借款人可能会要求增加一个条款，规定借款人有权单独取消违约贷款人的承诺额。

在允许借款人进行提前还款或额度取消的同时，贷款人会对提前还款和额度取消作些限制。在国际信贷市场上，这些限制是行业惯例，借款人和贷款人很少就这些限制条款进行谈判或修改。常见的限制主要包括以下五个方面。

第一，通知的不可撤销性。如果借款人向贷款人发出提前还款或额度取消的通知，该等通知一经发出即不可撤销。这样规定的目的是便于贷款人进行贷款管理，因为贷款人收到借款人的通知后便会进行相关的准备，如果借款人后续撤销其通知，将会影响贷款人的内部操作。

第二，同时支付利息。借款人提前还款时，需要同时支付提前偿还本金部分所累积发生的利息，否则会造成很大的不便，影响该部分利息的计算。

第三，不得再借已经提前偿还的贷款。对于定期贷款，如果借款人已经提前偿还，则不能重新再借其已偿还的部分。这一限制不适用于循环贷款。

第四，不得在非约定时间提前还款或取消额度。为了便于贷款人的管理，贷款人会要求借款人必须在贷款协议约定的时间进行提前还款或取消额度。

第五，取消额度不得恢复。额度取消是永久性的，一旦取消将不能恢复。

五、条款 6 税费

税费补偿包括针对预提税的包税条款、税款补偿、印花税等方面,下面将具体展开进行介绍。

（一）包税条款

包税（Tax Gross-up）条款是为了保证贷款人在其期望的时间收到借款人欠付他们的全额款项而设立的。这些规定主要与向贷款协议项下支付的利息征收的预提税相关。在预提税制度下，银行不得不就其从借款人处收到的利息支付税款，而且法律要求借款人将税款直接从利息付款中预提出来，直接支付给税务机关。

银行也许能够在其缴付所得税后通过退税的形式获得差额补偿，但仍损失了一部分现金流，而且退税并不一定能够覆盖预提的税款全额。为解决该问题，银行要求借款人在付息时支付一个包税金额。简而言之，如果法律要求扣税，那么借款人有义务提高付款金额，从而使银行收到的金额与未进行扣税时的金额相同。

（二）税务补偿条款

税务补偿条款是指借款人需要补偿贷款人因任何原因而就融资文件遭受的税务责任。增加税务补偿条款的原因是，银行在放贷时采取一个"成本转嫁"的方式，即任何可能吞噬其利差的税款（除了对该利差本身征的税）都应当由借款人承担。借款人可能会辩称其只承担法律变化的风险，而贷款人应该能够识别其当前所面临的税务风险。当然，在实践中借款人很少能在该问题上取胜（取决于双方的谈判实力）。

由谁来承担银行税是双方需要谈判决定的商务条款。如果贷款人是银行，借款人应努力在谈判中将该银行税列入补偿条款的除外情形。反之，贷款人可以主张借款人来承担这一银行税。伦敦同业拆借市场尚未对银行税确定一个标准处置方式。

六、条款11 费用

除贷款利息外，银行还会收取其他费用。这些费用构成商业银行的中间收入。在金融市场相对发达的国家，商业银行营收中非利息的中间收入和利息收入一样占有重要的比重。非利息收入也在很大程度上反映了一家银行的创新能力和管理能力。

费用条款规定银团贷款安排中复杂的各项收费安排。费用条款列出各项应当支付给代理行的费用，这些费用由代理行代表各家贷款人收取，具体包括以下五类费用。

（一）安排费

安排费是针对贷款人安排贷款所支付的费用，主要是银团贷款中支付给安排行的。支付给安排行的费用高度保密，通常在单独的收费函中规定。该收费函绝不会出现在分发给银团成员的交易文件中。

（二）承诺费

承诺性贷款协议中，贷款人通常会向借款人收取承诺费或承贷费（commitment fee），对其空闲的授信额度收取一定费用作为融资成本补偿。承诺费一般是在承诺期间就未使用的贷款额度按照一定的费率按日计收，直至授信额度的提款期结束之日为止。承诺费一般在提款期结束之日支付，如果提款期较长，也可在一定期间按月或按季分次支付。

贷款人将就授信额度项下未提取的款项收取承贷费，因为在将来提款条件满足的情况下，贷款人有合同上的义务就这些款项提供资金，需要准备资金以备借款人提款，如其不提款，银行由于无法收到利息而产生资金空置成本。征收承贷费的目的就是为了补偿此成本。

（三）代理费

代理费是银团贷款中担任代理行的银行所收取的管理费，包括贷款代理费、担保代理费等。代理行的费用既可在收费函中规定，也可在债权人间协议（Intercreditor Agreement）中规定。

（四）提前还款费

提前还款费也称为息差损失，是指借款人在约定还款日期之前提前还款给贷款人造成的损失。

（五）成本和支出

除明确的费用条款外，贷款协议通常还包含费用补偿条款，规定借款人对于贷款人因贷款所发生的各项开支以及因贷款而发生的环境索赔或诉讼请求而对其造成的各项损失和责任的补偿范围。尽管原则上借款人有义务就所有的开支和费用作出补偿，并且对于贷款人与借款人达成贷款交易、管理贷款以及执行贷款或担保项下的相关权利时所发生的全部费用和责任作出补偿，但是也存在一些公认的例外情形和谈判空间。

借款人通常被要求概括性地承担并补偿贷款人所有的交易成本，而借款人则通常坚持对相关的条款加上"合理"或"合理发生"等定语，以对其责任范围加以限制。该部分主要包括以下四个方面的内容。

1. 成本和费用的补偿

费用补偿条款规定了实际开支的补偿，包括贷款人、其附属机构以及贷款人就交易所发生的法律费用。大多数情况下，借款人有义务支付贷款管理行因达成贷款交易、管理贷款以及执行贷款文件所发生的全部费用。举例来说，可能包括下列事项发生的费用：对借款人和担保人进行尽职调查、组织银团、贷款文件的准备和签署、管理贷款文件项下的弃权、同意或修订事宜以及执行担保等。补偿的对象包括贷款人的关联公司，因为贷款人的关联机构很有可能担任安排行、担保代理行等角色。如果贷款的担保代理行不是贷款人的附属机构，那么该担保代理行应在费用补偿条款中予以明确规定，以便其开支和责任能够受到该费用补偿条款的保障。如果要求借款人补偿法律费用，那么这些法律费用必须明确在协议中规定。这一原则对很多区域的法律都适用，包括中国法律、美国法律。因此，费用补偿条款对贷款人而言十分必要。

借款人可能反对就贷款人在贷款协调或重组中发生的费用提供补偿，并主张执行费用的补偿应当限于起诉借款人违反贷款协议时发生的费用。而在实务中,即使相关的表述没有规定,贷款人仍可以在需要进行任何贷款协调和重组时,将其费用获得补偿作为其同意就该等协调或重组进行所需的贷款协议修订的条件。

2. 常见的成本和费用

贷款协议中最常见的、约定需要由借款人向贷款人补偿的成本和费用主要包括交易开支、修订费用以及执行费用。

3. 补偿义务的限制

补偿义务主要有以下四方面限制和要求。

第一,关于法律费用的限制。一些实力较强的借款人可以限制其在费用补偿条款项下应向贷款人支付的法律费用金额。设定限额的理由是借款人与贷款人的律师存在利益冲突。当然,在谈判中,贷款人可以要求借款人不将该等限额适用于借款人违约时因强制执行贷款人的权利而发生的法律费用。

第二,关于内部法律顾问费用分摊的限制。一些贷款协议规定借款人有义务支付贷款人分摊的内部法律顾问费用,即使贷款人并未真的就该等内部法律服务收到账单。借款人往往反对就该等内部法律顾问费用进行付款,因为他们并非实际开支,而是在外部律师费之外发生的额外费用。贷款人有时候会主张,正是由于使用了内部法律顾问,他们减少了对于外部律师的需求,从而降低了借款人的法律费用。

第三,关于费用上限的限制。尽管在实际开支上设定一个限额非常罕见,但在特定情况下,借款人可以考虑在特定开支项目上设定限额(例如在资产担保的贷款交易中,对担保品的核查及评估费用设定限额）。

第四，关于费用清单的要求。一些借款人可能要求所有的费用补偿都要以书面方式作出，并列明各项开支细节，以确保发生的费用是合理的。尤其是借款人为主权或准主权机构的情况下，这种书面开支记录可能是其向公众或政府机构说明开支的必需文件。

4. 成本增加

成本增加（Increased Costs）条款的基本内容是：在贷款协议有效期内，由于法律和监管规定的变化，导致银行提供资金的成本增加，则借款人需要就此补偿银行。这一条款的目的是保护银行的利润。其背后的理由是：银行提供的商业贷款利率是根据银行的资金成本加上银行的利润来计算的，而成本和利润都是以前述贷款协议适用的法律法规为依据的；如果法律发生变化，资金成本增加，则银行需要将增加的成本转嫁给借款人，从而保障银行自身的利润。法律变化导致银行资金成本增加的情况有很多，如有关银行资本充足率的法律。

成本增加条款通常是标准化的，所以贷款协议谈判过程中就这一条款所花的时间不多。对于借款人而言，要注意以下几点：第一，要排除其他地方已经涵盖的费用，如计算利息时已经涵盖的法定成本；第二，由于银行违约而引起的成本增加不应包含在内；第三，不应包括银行自身应当支付的营业税；第四，可以考虑限制银行主张权利的时间，如6个月内。

贷款人的贷款定价是基于其对符合相关监管规则和资本要求

的影响的评估。当法律或其解释发生变化，并且贷款人能够说明该变化导致了成本增加或其贷款收益减少时，贷款人就有权根据这些条款提出请求。从贷款人角度来看，这只是贷款风险的一种分配（即借款人支付该增加的成本，如同借款人获得了一笔反映该增加的成本的新贷款）。但是在实务中，贷款人到目前为止没有坚持索要这些成本。

第四节　管理类信贷条款

一、条款1 定义和解释中的术语定义

定义条款是对贷款协议中经常使用的术语进行的概念表达，其主要目的是界定术语的准确含义，避免发生异议。同时，对常用术语进行定义，可以使贷款协议上下文行文更方便、更简洁顺畅。

定义条款的术语都是特别重要的概念和术语以及特定贷款协议中频繁出现的某些词汇表达，他们通常在整个贷款协议中出现三次或三次以上。从性质上来分，定义条款的术语可以分为财务术语、法律术语和管理术语，下面将分别进行具体介绍。

（一）财务术语

财务术语是那些有关贷款的提取、偿还、成本的术语。

1. 提款期

提款期（available period）是借款人可以申请提款的一段时间。提款期的定义主要出现在贷款的取用条款中。如果一份贷款协议中有多个不同的贷款额度，其各自有不同的提款期，那么有必要根据不同的贷款额度分别定义其提款期。

提款期通常从贷款协议签署之日开始计算。因为贷款协议签署日是确定的，比较容易计算提款期。某些情况下，贷款人或者借款人可能也会提出要求提款期从首次提款日开始计算，因为从贷款协议签署日到首次提款日之间还有一段时间，借款人希望有一个相对比较容易控制并且较长的提款期。这样的安排也没有问题，尽管并不常见。

对于承诺性贷款，提款期一般都比较短，例如 1 个月或者 3 个月。从银行财务的角度，一旦银行承诺一笔贷款，即使贷款尚未发放，银行仍然需要计提相应的准备金，即承诺性贷款是占用银行资本金的，是有明确成本的，过长的提款期可能会给借款人造成额外的费用。某些特定类型的贷款，例如并购贷款，提款期需要能够满足并购交易中的付款时间安排。对于可循环的流动资金贷款，提款期一般比较长，理论上可以截至最终还款日的前一日，即在最终还款日的前一日，借款人仍然有权申请提款，当然借款人需要在最终还款日清偿所有贷款。通常情况下，提款期在最终还款日前 1 个月截止。值得注意的是，并不是提款期内的任何时候借款人都能申请提款，申请提款需要满足贷款协议中约定的其他条件，包括先决条件已经满足等。

2. 贷款

贷款（loan 或 loan facility）是贷款协议中约定贷款人向借款人提供的贷款信用安排。如果贷款协议中有多个贷款，则有必要分别定义。常见的包括定期贷款（term facility）、循环贷款（revolving facility）等。

3. 贷款额度

贷款额度（facility amount）也称为信贷额度（credit line），是贷款人同意向借款人提供的最高贷款金额。在承诺性贷款中，贷款额度也称为承贷额或承诺额（commitment）。贷款额度主要出现在贷款协议的信贷安排一章中。如果一份贷款协议中有多个不同的贷款额度，则有必要分别定义。

在一些比较复杂的贷款协议中，由于上下文的需要可能会定义可用承贷额（available commitment）或可用贷款额（available facility），以说明借款人可提用金额不得超过此金额。

4. 最终还款日

最终还款日（final repayment date）也称为最终到期日（final maturity date）。在定义最终还款日时参考贷款协议签署日的情况十分普遍，因为贷款协议签署日在贷款协议签署时就能确定，贷款人就能够确切知道其资金什么时候返还。如果使用首个提款日，则最终还款日将根据先决条件的满足时间和借款人申请首次提款的时间而不同。对于借款人而言，两种不同的定义方式会使其实际使用资金的时间有所不同。在贷款协议签署之日就发放贷款对贷款人而言是有困难的，而借款人一般也不可能贷款协议签署日就能满足所有先决条件，所以从贷款协议签署到贷款发放之间一般都会有一段时间。也就是说，如果最终还款日从贷款协议签署之日起算，借款人实际使用贷款的时间会相对较短。例如1年期的贷款，如果从本贷款协议签署之日开始计算，则其实际使用贷款资金的时间一般都不到一年。最终还款日主要在贷款的偿还条款中使用。

5. 利息期

利息期（interest period）是用于结算利息的一个期限。利息期的定义主要出现在贷款协议中有关利息的条款中。具体时间往往在相关条款中规定，一般为1个月、3个月或者6个月。

6. 利差

贷款利率通常由基础利率和利差（margin）两部分构成。利差采用年化的百分比来表示。利差基本上反映了贷款人通过这笔贷款所获得的收益率。利差的大小说明了贷款的风险高低，利差越大说明这笔贷款的风险越高。实务中，利差还常常用基点来表示，100个基点为一个百分比（1%）。利差主要在贷款利息条款中使用。

7. 贷款

贷款（loan）就是借款人在贷款协议项下提取的贷款本金。"贷款"一词也可以用来表示贷款余额，即已经提取但没有偿还的贷款本金。和贷款密切相关的两个概念是放款（advance）和额度提用（utilization）。这三个词可以替换使用，都表示一笔贷款。但严格来讲，这三个词各有区别，且可同时出现在同一份贷款协议中。"放款"更多在循环贷款额度中使用，每一笔放款都是独立的，不会合并。"贷款"主要用于定期贷款额度中，几笔不同的贷款可以合并成一笔贷款。"额度提用"不仅限于贷款，还包括其他授信额度使用，比较典型的是银行保函额度、信用证额度，因为这类授信项下银行并不发放贷款。如果一份贷款协议中既有定期贷款额度，又有循环贷款额度，还有银行保函或者信用证额度，则有必要同时使用这三个概念，以示区别。贷款这一术语最为关键，因为其会贯穿整个贷款协议。

8. 提款日

提款日（utilization date 或 drawdown date）也称为放款日、额度提用日。提款日是指发放相关贷款的日期。如果授信额度中包括银行保函或者信用证，则这个定义需要相应修改，包括银行保函或者信用证开立之日。

9. 提款申请书

提款申请书（utilization request 或 drawdown request）是借款人向贷款人提交的使用贷款额度的申请。贷款协议中一般会约定提款申请书的格式。提款申请书的定义一般在"贷款的取用"相关条款中使用。

10. 基础利率

基础利率是金融市场上具有普遍参照作用的利率，其他利率水平或金融资产价格均可根据这一基准利率水平来确定。在利率市场化条件下，该利率是衡量融资成本、计算投资利益以及管理层对宏观经济调控的一个重要参考。基础利率主要以同业拆借利率为主。下面将主要介绍三类利率。

(1) 伦敦银行间同业拆放利率 (LIBOR)。国际上广泛应用的基础利率是英国的伦敦银行间同业拆放利率。LIBOR 是金融市场上最重要的利率之一,是银行在伦敦同业拆借市场获得无担保资金的平均利率,包括很多不同的币种和期限。就任何贷款或未付款项而言,LIBOR 指截至定息日伦敦时间上午 11 点,等于该贷款或未付款项利息期的美元存款利率报出的适用屏幕利率;或者如果该笔贷款或未付款项的利息期不能获得屏幕利率,则参考银行向伦敦银行间市场主要银行报出利率的算术平均值(进至小数点后第 4 位)。如果任何该等适用的屏幕利率或算术平均值低于零,则 LIBOR 将被视为零。

屏幕利率 (screen rate) 指在路透社 (Reuters) 适当页面上显示的泛美交易所 (Pan American Exchange) 基准利率管理公司发布的相关期限美元对欧元结算利率。如果商定的页面被替换或者服务停止,则使用贷款人与借款人协商后可能指定的显示适当利率的该等其他页面或服务。

在 2013 年之前,LIBOR 一直由英国银行家协会 (BBA) 监管。2012 年 6 月,LIBOR 发生操控丑闻成为全球市场关注焦点和监管"风暴眼",多家国际银行的 LIBOR 报价受到调查,并且向英国和美国的监管机关分别支付高达数十亿美元的罚款。丑闻之后,英国修订了《英国金融服务法》,英国银行家协会将不再负责管理 LIBOR,而由泛美交易所基准利率管理公司 (ICE Benchmark Administration Limited) 进行管理。

（2）上海银行间同业拆放利率（SHIBOR）。上海银行间同业拆放利率（Shanghai Interbank Offered Rate）是由信用等级较高的银行自主报出的人民币同业拆出利率计算确定的算术平均利率，是单利，无担保、批发性利率。对社会公布的SHIBOR包括隔夜、1周、2周、1个月、3个月、6个月、9个月及1年的利率。SHIBOR报价银行现由18家商业银行组成。报价银行是公开市场一级交易商或外汇市场做市商，在中国货币市场上人民币交易相对活跃、信息披露相对比较充分的银行。全国银行间同业拆借中心授权SHIBOR的报价计算和信息发布。每个交易日根据各报价行的报价，剔除最高、最低各4家报价，对其余报价进行算术平均计算后，得出每一期限品种的SHIBOR，并于11：30对外发布。

（3）优质贷款利率（LPR）。优质贷款利率（Loan Prime Rate）是商业银行对其最优质客户执行的贷款利率。优质贷款利率的集中报价和发布机制是在报价行自主报出本行贷款基础利率的基础上，指定发布人对报价进行加权平均计算，形成报价行的贷款基础利率报价平均利率并对外予以公布。2013年10月25日，在中国人民银行主导之下，优质贷款利率集中报价和发布机制正式运行。优质贷款利率由上海银行间同业拆放市场发布，运行初期向社会公布的只有1年期利率。

11. 息差损失

息差损失（break cost）也称提前还款费，是借款人因为提前还款而导致贷款人本应享有的利息收入损失。在利率完全自由化的市场中，息差损失的计算方式如下：贷款人收到提前偿还的贷款本金或未付款项日至该贷款或未付款项的现时利息期的最后一日之间贷款人本应收到的利息，减去贷款人如将收到的提前偿还金额存放在银行间市场一家主要银行，自收到或回收该等款项的下一个营业日起至现时利息期的最后一日应可获得的利息。

根据上述计算方式，如果借款人在利息期的最后一日，即付息日进行提前还款，是不会产生息差损失的。在成熟市场，银行的贷款资金一般是从市场以一个利息期为单位拆入的，如果借款人在利息期最后一日偿还了贷款本金，那么银行就不需要再从市场上拆入资金，因此就不会产生费用。

12. 财务负债

财务负债（financial indebtedness）是贷款协议中不容易理解的一个概念。概括而言，财务负债是基于借贷或者其他金融工具获得融资而形成的负债。财务负债在贷款协议的陈述条款和承诺条款中经常出现，主要用于限制借款人或其他债务人或其借款集团成员举借新债而导致资产负债情况恶化。所以，对于贷款人而言，这个定义非常重要。一般而言，这个定义不允许修订。针对借款人具体情况的任何变更都应反映在经营性条款中而不是定义中。如果贷款人对借款人没有负债方面的限制，则贷款协议无须加入财务负债的定义。

13. 财务年度

财务年度（financial year）指借款人的会计年度。财务年度的定义主要用于有关财务报表的条款中。本定义中的日期应与借款人财务报表一致。除了财务年度外，必要时可能还需要定义财务季度（financial quarter）。

14. 增加的成本

增加的成本（increased cost）是贷款人在签署贷款协议时没有预料到，而在贷款协议签署后由于法律变化或其他原因导致资金成本增加或利润减少。贷款协议中一般会有专门的成本增加条款，要求借款人补偿贷款人增加的成本。

15. 付息日

付息日（interest payment date）的概念与利息期密切相关。付息日一般为利息期的最后一天，所以，如果贷款协议定义了利息期，可以不用另行定义付息日。

16. 定息日

定息日（quotation day）是确定基础利率的日期。在采用市场化利率作为基础利率的情况下，定息日的概念是必要的。定息日通常是银行从市场上锁定贷款资金成本的日期，市场标准一般为提款日（或利息期首日）之前的两个营业日。

17. 参照银行

参照银行（reference bank）是在基础利率不能获得的情况下，借款人和贷款人协商同意以参照银行的利率报价作为基础利率。参照银行通常有三家银行供选择，其中一家通常是贷款人。但借款人有时会反对这么做，要求参照银行都是中立的第三方银行。参照银行仅在基础利率不能获得的情况下才会使用。

18. 还款日

还款日（repayment date）只在分期还款的贷款中使用。在到期一次性全额还款的贷款中，一般使用最终还款日这个定义就可以，无需另外定义还款日。分期还款的情况下，通常贷款协议中会列出还款计划，并注明相应的还款日。

19. 未付款项

未付款项（unpaid sum）概括了贷款协议和其他融资文件项下所有到期应付而未付的款项，包括本金、利息、费用、其他成本和支出。定义未付款项是为了便于在贷款协议中规定这些款项的应付时间、利息计算等。

（二）法律术语

基于特定的法律规定或者基于贷款协议的约定，将会产生特定法律后果的术语，本书将其称作法律术语。本书将对如下法律术语进行具体介绍说明：

1. 授权

授权（authorization）是指贷款协议以及贷款协议项下的交易所涉及的各类授权。授权这一定义主要用于陈述条款和承诺条款，尤其是在授权承诺条款、作为证据的可接受性的承诺条款中。这个定义的内容非常宽泛，包括公司内部需要完成的、政府机关所要求的各类手续，目的是把贷款交易中可能涉及的各类授权手续都囊括其中。

2. 违约

违约（default）就是违反贷款协议的约定。违约主要在违约事件条款中出现。贷款协议中经常约定一个宽限期,当出现违约后,借款人应当在宽限期内补救,如果违约在宽限期内没有被补救则将构成一起违约事件。

3. 违约事件

违约事件（event of default）是贷款协议中的一系列情况,一旦发生后即赋予贷款人主张贷款到期并要求借款人立即偿还的权利。

4. 借款集团

借款集团（group）包括借款人或其母公司所在的集团所有成员。借款集团的定义出现在整个贷款协议中,尤其是在陈述条款、承诺条款和违约事件条款中。定义借款集团的目的是希望贷款协议的约定对借款集团的成员均有约束力。如果贷款人在信贷评审时主要基于借款人整个集团的状况,那么这类定义就特别重要。

为了确保遵守贷款协议项下的陈述、承诺等约定,如果需要忽略某些不重要的子公司（他们不能产生实质收入或者不拥有实质资产）,则将"子公司"替换为"重大子公司"。如借款人无子公司或贷款人同意贷款协议条款不延伸至集团整体,则可删除该定义。

5. 重大不利影响

重大不利影响（Material Adverse Effect,简称 MAE）,是为了便于确定哪些情况构成重大不利影响。重大不利影响在陈述条款、承诺条款以及违约事件条款中经常使用,是一个非常重要的定义。该定义一般是固定不接受修改的，但很有经验的借款人有时会提出以下三点修改意见。

第一，要求删除"前景"这个词，因为这个词主观性很强。确实如此，但"重大不利影响"背后的含义就是对未来的考量，而这可能就是主观性的。

第二，要求第一种情况只能限于借款人的财务状况。如果一个有实力的借款人在业务和经营不时受到影响时，仍能保持相对良好的资产负债表，那么这种修订可能被接受。

第三，要求在义务之前加上"重要"一词。贷款人一般不希望在强制执行时争辩什么是"重要"的，所以一般不能接受，除非借款人非常有实力。一般而言，付款义务都被认为是"重要"的。

6. 当事方

当事方（party）就是协议的签署一方。这一定义的目的是避免贷款协议中提到当事方时出现歧义。

7. 子公司

子公司（subsidiary）就一家公司而言，指被该公司直接或间接控制的其他公司、被该公司直接或间接实际拥有其超过一半已发行股本的其他公司或是该公司子公司的子公司。就上述目的而言，如一家公司能直接领导另一家公司的事务及/或控制其董事会或相应职能机构的组成，后者应视为被前者控制。

子公司的定义非常宽泛，而且上述定义是市场标准表述，一般不允许修改。子公司的定义在贷款协议中非常重要，尤其是贷款协议中定义了"借款集团"的概念时。除了借款集团的定义中使用子公司外，子公司的定义还经常出现在陈述条款、承诺条款和违约事件条款中。子公司的定义中同时会对"控制"一词作出界定，这也是市场上比较惯用的定义手法。

如果借款人的子公司比较多，借款人不希望贷款协议中的一些规定约束其每个子公司成员，借款人可以考虑对子公司的范围进行限定。这时候可以考虑增加一个"重大子公司（material subsidiaries）"的定义。定义方式可以从财务指标方面确定一些标准，例如总资产占集团合并资产的10%，净利润占集团合并净利润的5%及以上等。另外一个简单方式是以财务标准将重大子公司都一一列举出来。

8. 担保权益

担保权益（security interest），有时也直接称为担保（security）。担保权益指抵押、押记、质押、留置或为任何人义务的履行而设置的其他担保权益或具有类似效力的其他协议或安排。

担保权益的定义非常宽泛，试图包括所有具有优先清偿效力的权利。这样的定义是有必要的，因为借款人或其子公司成员位于境外，或者有境外资产，则有可能基于外国法律提供担保。定义中的押记是普通法中的一项担保，包括固定押记和浮动押记。押记不要求交付担保的占有权，但需要根据法律规定进行登记，经登记的押记为法定押记；如果不登记则为衡平法上的担保，其清偿顺位低于法定押记。

9. 关联公司

关联公司（affiliate）定义为就任何人士而言，该人士的子公司或控股公司或该控股公司的任何其他子公司。关联公司的定义主要用于有关贷款人的一些条款中，例如信息披露。其目的主要是便于贷款人在其集团内部分享管理贷款信息。

10. 权力机关

权力机关（authority）指任何政府机关、准政府机构、行政管理机构、监管或监督机关、法院或仲裁庭。权力机关的定义主要出现在税费、陈述条款和承诺条款中。

11. 控股公司

控股公司（holding company）就一家公司而言，指该公司及其子公司的任何其他公司。控股公司的定义主要出现在关联公司的定义中，在陈述条款和承诺条款中也可能出现。

12. 债务人

债务人（obligor）是贷款人有权直接要求其偿还贷款义务的人，即借款人和保证人。当保证人和借款人一同作为一方签署贷款协议时，债务人的定义就很有必要。债务人的定义中一般不包括提供担保物的担保人，因为其义务仅限于所提供的担保物的价值。如果没有保证人，则债务人的定义可以删除。

13. 母公司

母公司（parent company）是最终实际控制借款人的公司。母公司的定义主要用于其他定义中，目的是将借款人的母公司纳入贷款协议的各条款之中。如果借款人之上没有母公司，或贷款人向借款人提供贷款时没有考虑其母公司的情况，则本定义可以删除。

14. 相关司法区域

相关司法区域（relevant jurisdiction）是借款人登记注册和开展业务所涉及的司法区域。本定义涵盖借款人成立的司法区域及其大部分资产所在的司法区域。相关司法区域的定义主要出现在陈述条款和承诺条款中，目的是要求借款人遵守相关司法区域的法律规定。

15. 担保文件

担保文件（security document）是贷款交易所涉及的担保文件。担保文件的定义主要用于融资文件的定义以及陈述条款和承诺条款。

（三）管理术语

1. 营业日

营业日（business day）也直接定义为银行工作日（banking day）。定义营业日的目的是确定定息日、付款日期等时间点。

2. 融资文件

融资文件（finance document）包括与贷款交易有关的所有文件。融资文件是一个非常重要的定义，贯穿于整个贷款协议。这个定义把贷款协议和其他贷款文件联系在一起。对贷款人而言，其可以合并约定各个贷款文件项下的权利。

3. 月

月（month）是公历月，指从某个公历月的某一天开始，到下个公历月的对应日结束。如果下个公历月没有对应日，那么该公历月的最后一个银行工作日则为该月的结束日期。

贷款协议中约定时间的条款中经常会用到月。由于与不以月为时间界定的情况有所不同，所以有必要对其进行定义，以避免发生纠纷。上述定义是约定俗成的概念。

4. 原始财务报表

原始财务报表（original financial statement）是借款人需要在首次提款日之前提交给贷款人的财务报表。定义中需要填入的时间为借款人最新财务报表的截止时间。如果借款人没有任何子公司，删除"合并"和"母公司"。

5. 税费

税费（tax）指贷款协议所涉及的各种税款和具有税负性质的其他费用。税费的定义主要出现在税费条款和涉及税务的陈述条款中。上述定义一般不允许修改。

6. 合规证书

合规证书（compliance certificate）是借款人向贷款人提交的确认其没有违反财务承诺的证明。在贷款协议中规定了财务承诺的情况下，一般都要求借款人定期提供合规证书。如果贷款协议中没有规定财务承诺，则没有必要定义合规证书。

7. 费用函

费用函（fee letter）一般出现在银团贷款中，约定安排行和借款人之间的费用。由于安排行与借款人之间的费用安排是高度保密的，所以需要单独通过费用函来约定。费用函的内容不会让其他当事方知道。

8. 主办分行

主办分行（lending office 或 facility office）是贷款人负责发放

并管理贷款的分行。银行都会有很多分行，而且具体贷款业务一般都通过分行来办理。有的银行直接通过分行的名义对外签署贷款合同，这在法律上也是可以的。有的银行则要求对外签署贷款合同必须以总行的名义，这种情况下就需要定义清楚主办分行。

二、条款1 定义和解释中的解释规则

贷款协议必须严谨，为了避免产生歧义，制定一些解释规则非常有必要。因此，贷款协议在定义条款之后一般都会有解释规则条款，本书将对特定词语的扩大解释、重要概念的特别说明以及其他解释规则进行具体介绍。

（一）特定词语的扩大解释

贷款协议中使用的某些词语，如果没有特别说明，可能被限定为某个含义，从而造成不必要的纠纷。同时，由于这些词语在贷款协议中频繁出现，如果每次出现时都对其作详细说明，则会导致贷款协议冗长，阅读不便利。基于这些原因，贷款协议的解释规则条款中会对这些特定的词语作扩大解释。这些常见的词语包括当事人、修改、法律法规、融资文件、人、判决、包括等。

1. 当事人

贷款协议中所提及的任何"当事方"有必要扩大解释为包括其继承人和受让人。之所以加上这一规则，是为了使贷款协议的履行不因当事方主体资格变化而受到影响。典型的情况如贷款人因重组或其他原因导致名称发生变化，或者银团贷款中一方转让

其承诺额或贷款额，或者变更了代理行等。这些情况下，基于上述解释规则，不需要重新签署合同。值得一提的是，这个条款并不会赋予借款人或债务人或任何当事方随意转让贷款协议的权利，合同权利和义务的转让仍需要遵守贷款协议中相关条款的约定。

2. 修改

"修改"一词也有必要扩大解释为各种修改的情况。有了上述条款后，贷款协议中提到修改时不至于被限定为对某个条款的修改，从而避免发生歧义。

3. 法律、法规

"法律"和"法规"可以合并在一起解释，也可以分别解释。分别解释的情况下，法律是指具有法律强制约束力的规定，包括其修订。法规被扩大解释为各种具有约束力的规定。有了上述解释规则后，贷款协议中提及的法律或法规范围将被扩大。

4. 融资文件

融资文件有必要被扩大解释为对贷款协议的任何修改。有了上述条款后，如果签署任何补充协议，则贷款协议可以不用另行修改或重新签署。

5. 人

贷款协议中提到的"人（person）"应当被扩大解释为包括个人、法人和其他法律实体。因为"人"一词在贷款协议中会经常使用，而不只是指个人，所以有必要作出解释。

6. 判决

"判决（judgement）"一词有必要解释为任何具有强制执行

力的司法命令，从而避免在每个提及判决的条款中详细列举各种情况。

7. 包括

法律文件中使用"包括（includes）"进行列举时往往用"包括但不限于（includes without limitations）"，以表示该列举不是穷尽的。但每个条款中都用"包括但不限于"容易使文件变得冗长，而且有时可能遗漏。因此，在解释规则中增加这个条款是有必要的。

（二）重要概念的特别说明

该部分将具体介绍违约和违约事件的持续、等值其他货币、债务、重大、偿还、借款等概念。

1. 违约和违约事件的持续

违约和违约事件会导致严重的法律后果。判断违约或违约事件是否已经结束或仍在持续，如果没有明确标准，可能会产生歧义。所以贷款协议中一般会加入以下条款：任何违约（违约事件除外）如未获补救或豁免，视为仍然持续（continuing）；任何违约事件如未获豁免，视为仍然持续。

2. 等值其他货币

贷款协议中可能会提到等值其他货币。等值其他货币如果计算，基于什么汇率，如果不做特别说明，则可能在将来发生争议。常见的计算标准为"本贷款协议中如以某指定货币列明某一数额或其等值额，则等值额一词指任何其他货币的等值数额（即采用以贷款人在相关日上午11点或前后的即时汇率购买该数额指定货币所需的其他货币的数额)。

一般而言,贷款银行都是要求以其发布的即时汇率计算。由于银行是对外公开营业的,不会因某一特定借款人或特定交易而操控即时汇率,所以这一要求是合理的。

3. 债务

债务或负债(indebtedness)是贷款协议中常用的词语,也出现在一些重要术语中,例如财务负债的定义中。所以,贷款协议中有必要对债务进行说明,特别说明其应包括将来的或者或有的负债。

4. 重大

贷款协议中也常常提到重大(material),特别是在陈述条款、承诺条款和违约事件条款中。解释规则条款中一般会对什么情况属于重大加以说明,常见的条款内容为"称作重大的事项是指对于贷款人在融资文件项下的利益或在该利益相关的范围内影响重大的事项"。上述解释是从贷款人利益角度出发的,也是合理的,因为贷款协议的各个条款规定主要是为了保障贷款人的利益。

5. 偿还

贷款协议中加入以下解释规则,是为避免每次提到偿还贷款时,都要注明是否包括提前还款:除非另有规定,偿还(repay)(或其任何衍生形式)应理解为包括提前偿还(或其相关衍生形式,视情形而定)。

6. 借款

贷款协议中经常会提到借款、借款利息、借款偿还等内容,而某些授信，例如信用证授信项下，贷款人并没有实际发放贷款，但在计算利息或要求还款的时候实际上也是适用于这部分内容的。所以，为避免异议，贷款协议中会加入以下解释规则：借款包括通过信用证而使用的授信金额。

（三）其他解释规则

除了特定词语的扩大解释以及重要概念的特别说明外，贷款协议中还常常包括一些其他解释规则，包括条款标题、条款和附件的引用、时区等，下面将具体展开进行介绍。

1. 条款标题

贷款协议的条款一般会有一个标题，以方便索引并迅速找到对应条款。针对这些标题，贷款协议中一般会加入一个解释规则条款。常见的解释规则条款为"各个章节、条款和附件的标题，仅为方便查阅，不应视为对本贷款协议的解释"。条款的标题一般是对这个条款的概括性说明，或对其主要内容的概括性说明。事实上如果条款没有标题，也不会影响整个贷款协议的内容。但是，一旦加入了这些条款标题，如无特别说明，当事方在就某个条款发生歧义时会要求考虑标题的内容。由于标题的简要性，不可能概括整个条款的内容。如果在解释贷款协议的内容时考虑这些标题内容，则可能会影响整个贷款协议的解释。因此，贷款协议中加入上述解释规则条款是必要的。

2. 条款和附件的引用

贷款协议中经常会提到某个条款的规定。为了简洁或方便，经常直接约定"第×条"，而不会每次都是"本贷款协议第×

条"。尽管在这方面发生争议的可能性很小，但是对此作一个解释说明总是有帮助的。常见的解释规则条款为"除非另有说明，所有的条款和附件都是指本贷款协议的相关条款和附件，并且本贷款协议包括各个附件在内"。

3. 时区

在跨境的贷款中，由于当事方位于不同地域，有必要对贷款协议中所提及的时间进行明确说明，确定是哪个时区的时间。

三、条款 3 先决条件

（一）贷款使用条件概述

贷款的使用条件，在贷款协议中称为先决条件。先决条件条款规定贷款人发放贷款之前必须满足的各项条件。与贷款协议的生效条件不同，先决条件并不影响协议的生效。贷款协议在协议各当事方签署后即生效，各当事方的权利义务在协议生效后立即开始行使和履行，相应的责任也立即产生。而贷款发放的先决条件则是在贷款协议生效后，借款人在贷款人处获得实际贷款资金必须满足的条件。如果这些条件无法满足，贷款人没有义务发放贷款，双方则根据贷款协议的规定进行处理。设置贷款发放的先决条件，是为了贷款人在发放贷款资金前，确保各项法律上、事实上以及交易层面的事项已实现或确定。只有在放款条件得到满足后，贷款人才有义务在提款期内发放贷款。

贷款人通过放款之前审查先决条件和借款人作出的陈述和保

证来确保其了解借款人的状况，并确保相关事项和条件已经达到贷款人要求。尽管贷款协议在签署之日就生效，先决条件条款规定，只有在全部先决条件得到满足的情况下，贷款人才有义务放款。不过，贷款人并不会希望把放款的先决条件作为贷款协议的生效条件，因为这样做反而使借款人有机会控制贷款协议的生效与否和时点。贷款协议一旦签署生效，相应的陈述与保证条款、违约事件、承诺事项和其他规定也就生效，贷款人就能立即对借款人进行监控，尽管后者还在满足先决条件的过程中。这有助于维护贷款人的利益。

贷款人通常希望各项先决条件的形式和内容都能符合其要求。如果贷款协议规定贷款分多次发放而非一次性发放，贷款人还会要求将某些先决条件作为每一次放款的先决条件。

贷款人通常要求借款人在规定的期限内满足先决条件，尤其是不就未发放贷款收取承贷费的情况下。因为等待时间越久，贷款交易的不确定性就越多。贷款人还希望在贷款协议签署后，实际放款之前，确认没有发生任何违约事件。除承贷费（如有）以外，贷款人还会要求借款人支付一笔安排费，在贷款协议生效日或首次提款日支付。在银团贷款中，费用的金额和计算标准通常在单独的费用函中规定。借款人必须确保其能够在规定的时间内满足所有的先决条件，并且不会产生巨额花费。

先决条件必须采用规定的形式，在满足特定事实情况的基础上，先决条件的满足通常以书面文件的方式来体现（如以他项权证来证明不动产抵押登记的完成）。在特定交易中，必须关注满足先决条件的时间限制。对于那些无法在提款前满足的条件，可以尽量与贷款人协商作为后续条件。

借款人希望能够尽量具体地列明每一项条件，以便其操作和管理。因此，借款人可能会要求删除"贷款人收到其要求的任何其他文件"等"兜底性"的先决条件条款。此外，借款人应将先决条件限于借款人可控制的范围，并尽量限制先决条件满足之前借款人需支付的费用。这样，一旦借款人无法满足先决条件而导致贷款交易失败，借款人的损失就相应小一些。

（二）初始先决条件

初始先决条件（initial conditions precedent）指签署协议后，借款人申请首次贷款资金前需要满足的各项先决条件。如上所述，先决条件的满足通常以提交先决条件文件的方式体现。初始先决条件一般作为贷款协议的一个附件列明。一般而言，初始先决条件文件可能包括以下7类。

1. 融资文件

融资文件是指与贷款交易相关的全部文件，包括借款人签署的贷款协议以及借款人或其他担保人签署的相关担保文件和其他协议（在银团贷款中，包括各债权人之间的相关协议）。

2. 公司组织文件

公司组织文件是指公司章程、合营合同、合伙协议等规定机构借款人的组织架构的文件。这类文件应列明借款人签署贷款协议所需的全部章程性文件，说明借款人与借贷相关的授权、地位和能力。本先决条件文件使贷款人能够确保交易的合法、有效、对借款人有法律约束力并且可以强制执行，同时保证借款人是一家合法有效存续的法律实体。贷款人律师将核查借款人的章程性文件，以确定其在公司的经营范围等条款项下有权借款，并且融资文件的规定不与章程性文件的任何规定冲突。

借款人的民事行为能力一般需要根据其成立地的法律进行核验。贷款人需要确保借款人签署、履行贷款协议不会违反借款人章程的任何规定、借款人成立地的法律、借款人需要遵守的任何外汇管制方面的法规和借款人签署的其他协议。这些事项通常会在律师出具的法律意见书中确认。

3. 授权文件

授权文件是指借款人、担保人和其他债务人为进行融资文件项下的交易而完成的公司内部授权文件，主要是董事会或股东会决议。在国际信贷市场上，商业银行还会要求借款人出具董事证明以及授权签字人的签字样本。下面将具体展开进行介绍。

第一，董事会决议和股东决议。除了证明借款人具有签署和履行贷款协议的能力的文件外，贷款人还要求借款人提供证据，证明其签署贷款协议已经符合借款人的内部授权程序，从而保证其签署的文件的效力毫无疑问。

因此，贷款人仍希望借款人提供董事会决议供其审查，以确定代表借款人签署贷款协议的人有权利这么做。借款人律师应当确保借款人的董事会决议符合下列要求（同时贷款人的律师也应当对下面几项加以审查核实）：批准借款人签署融资文件的会议已经合法召开并作出决议（如符合董事会的召开程序和通知程序、会议符合最低出席人数标准），尤其是在有利益冲突关系的董事与会时，在投票时该董事未被排除在外，也行使了投票权；所有决议已合法通过（批准决议的董事人数符合章程的要求，监事和独立董事正常履行了其监督职能等）；董事会会议记录应当能够反映出董事的利益冲突关系已经充分披露。

贷款人可能还会要求借款人的律师就借款人已经满足借款的内部授权要求出具法律意见。在少数情况下，借款人股东可能对借款人的借款能力进行限制，要求任何借款必须经股东批准。在该情况下，贷款人就需要根据公司章程对借款人的股东决议进行相应审查。

第二，签字样本。借款人会授权特定的人士（如董事、总经理等）代表其签署协议以及代表借款人发出通知和采取必要的行动，该授权通常是不可撤销的。即使可撤销，也不应影响贷款协议的效力。贷款人还要求获得董事会决议中授权的各签字人的签字样本，从而能够在签署文件时核实相关签字是否是由借款人的授权人士真实作出的。一般情况下，借款人的董事会决议会附上相关授权签字人的签字样本。

第三，董事证明。由于借款人的公司章程可能对其借款能力作出限制，而借款人由于最了解其自身的全部借款（不仅是贷款人的借款），因此可能被要求确认其未违反公司章程中任何借贷方面的限制。当然，贷款人也可通过审查借款人的章程性文件对此加以核实，但如果相关限制并不是直截了当且可判断的（如借款总额不得超过注册资本的两倍），贷款人由于不了解借款人的总体借贷规模，可能无法知道该限制是否被突破。在此情况下，借款人自己对此加以说明并出具董事证明是有必要的。

此外，借款人还可能受其他协议的约束，而这些协议可能对借款人的借贷行为作出限制（如其他贷款人在与借款人签署贷款协议时，可能要求借款人不得发生新的借款），而贷款人对于该等协议并不了解。这也是贷款人要求取得此类证明的另一个原因。

借款人还须确认其所提供的与其自身相关的先决条件文件在协议签署日之前保持正确、完整、有效。这是因为贷款人自身无法知道借款人的董事会和公司章程是否完整、正确、有效。

基于上述原因，国际信贷市场上，商业银行会要求借款人的任何一位董事签署董事证明，确认上述各项事宜。

4. 财务报表

借款人必须提供其最近经审计的财务报表作为贷款人尽职调查的重要材料。如有担保人，则担保人的财务报表也需同时提供。

5. 费用支付证明

一般情况下，借款人必须自贷款协议签署之日起即向贷款人支付承贷费。承贷费按照贷款额度金额按一定比例计收，并在贷款签署日与贷款发放日之间收取。如果是分次提款，承贷费则按照未发放的贷款额度金额计收（即已发放的贷款无须支付承贷费，而直接支付利息）。承贷费用于补偿贷款人因预备资金准备借款人随时提款所发生的资金时间成本以及为满足贷款风险相应的资本充足率要求所发生的成本。

借款人还可能需要承担贷款人因贷款协议的谈判、起草、修改和签署所发生的全部法律费用，包括印花税、登记费以及其他税费。当然，在借款人谈判地位强势时，这些费用可能由贷款人自己承担。

6. 法律意见书

贷款人的法律顾问出具的法律意见书主要用于确认借款人根据其章程有权利签署贷款协议，并且已采取了必要步骤来授权其这么做。同时，该法律意见书还应确认与贷款相关的所有文件都是合法、有效、具有约束力和可强制执行的。当律师出具可强制执行的法律意见时，他们可能会在法律意见中加入大量的保留意见，提醒法院可能拒绝赋予相关协议强制执行的情况。有时候，法律意见书还会特别提醒某些潜在的风险，帮助贷款人早日对此进行评估和管理。

7. 其他文件

其他文件主要包括以下五类：

第一，政府批准或备案。从借款人角度来说，借款人应当尽早了解相应的政府批准或备案要求，并根据自身和交易情况判断是否符合政府批准或备案条件。符合要求的，应当尽早与政府部门沟通并启动相关申请程序。

第二，指定诉讼文书代收人。如果借款人为外国机构，贷款协议通常要求借款人在本地指定一名诉讼文书代收人，代表借款人收取诉讼文书。指定诉讼文书代收人的目的是避免需要将诉讼文书传送至境外以及可能由此引发的司法管辖冲突等问题。域内的任何人士均可作为诉讼文书代收人，如借款人的律师、借款人在当地的附属机构甚至是专门从事该行业的营利性专门机构。诉讼代收人的唯一职责就是将其收到的任何文件转交借款人。

第三，解除原有担保证明。即使借款人有足够的资产保障贷款的偿还，但如果这些资产已作为担保品为其他债权人设定了担保，这些资产就可能会被其他债权人扣押或拿走，用于清偿其所担保的债务偿还。在发放贷款前，贷款人可能希望借款人向其保证，除确已披露给贷款人（并且被贷款人认可）的担保外，其资产之上不存在任何其他未到期的担保利益。

第四，KYC文件。贷款人还可能需要根据反洗钱的相关规则要求提供借款人的相关身份信息，以便其根据监管机构的要求对客户进行"了解你的客户"（Know Your Customer，简称KYC）的尽职调查。

第五，其他授权。除上述文件外，贷款人可能要求其他授权或意见的副本，如确认贷款协议不会受外汇管制规则的约束，或者所选择的管辖法律和争议解决方式能够在借款人的所在司法辖区得到认可。借款人通常会坚持这些条件必须非常具体，否则其无法确保能够满足相关先决条件。

（三）进一步先决条件

在允许多次提款的贷款交易中，贷款人除满足初始先决条件外，在每一次提款时均要求借款人满足进一步的先决条件，以确定其是否必须继续放贷。进一步先决条件通常分为两个部分：第一，借款人作出的特定陈述与保证在放款之日仍保持真实、有效；第二，不存在违约。

第一个先决条件用于确保贷款人在继续向借款人放款之前，所有相关的法律事项的状况均良好。因此，相关部分的陈述与保证（"重复的陈述与保证"）在贷款人发放贷款之前必须保持真实。

第二个先决条件的原因显而易见。如果借款人马上就要发生贷款违约，贷款人不可能愿意发放贷款。"违约"这一定义既包括违约事件，也包括那些根据融资文件的规定，经发出通知或仅时间的流逝（或两者皆有，但受限于能适用的宽限期）即会变成违约事件的行为或事件，通常称为潜在的违约事件。将这些潜在违约事件包括在内，是因为贷款人无须等待发生支付违约或者财务承诺违约发生才能采取行动，从而及时避免损失扩大。

借款人当然会尽力限制贷款人拒绝放款的权利。需要注意的是，在贷款展期（借新还旧）的情况下，这些条件往往无法适用。一方面，借款人在谈判中可以辩称并没有新增贷款资金发放；另一方面，由于没有实际的资金发放，贷款人也无法通过先决条件对此加以控制。

（四）先决条件的豁免

在先决条件实际无法满足或无法在规定时间内满足的情况下，贷款人可能考虑豁免相关的先决条件，或将先决条件改为后续条件（即在贷款发放后一定时间内满足）。当然，并不是所有的先决条件都是可豁免的，贷款人须考虑相应的风险作出决定。

银团贷款交易中，通常会在贷款协议中规定可由大多数银行同意后放弃的先决条件，或代理行可自行决定批准放弃的先决条件。不过，代理行不太可能在缺乏银团批准的前提下就重大事项作出决定。

实务中，如果借款人无法按时完成某项先决条件，其需要向贷款人提出先决条件豁免申请。申请文件往往由贷款人的律师起草，文件中一般会加入要求借款人保证在约定时间内完成被豁免的先决条件，否则将被认定为是一项违约事件。

四、条款7声明和陈述条款中的陈述条款概述

（一）陈述条款定义

陈述条款更多地被称为陈述和声明（representations and warranties），是借款人就其自身及其他相关当事人和交易本身相关的法律和事实所作的描述。贷款人正是基于这些描述而同意向借款人提供贷款。

陈述和声明这两个术语最初源于普通法，陈述是指一方为了使另一方与其达成合约而作出的一项说明。虚假陈述（misrepresentations）是解除合同的一个理由。声明则是指一项合同条款。如果一方违反合同条款，另一方有权要求其作出赔偿，赔偿范围包括达成合约过程中发生的费用。在贷款协议中，陈述和声明条款则没有太大的区别，因为协议中明确约定违反陈述和声明的救济方式。

（二）陈述条款的基本目的

陈述条款的一个核心作用是用于尽职调查（Due Diligence，简称 DD）。因为陈述条款涉及借款人及其他当事方的法律、业务或者事实情况，其他当事方主要包括其他债务人，如提供保证担保的人以及借款集团其他成员，包括借款人的子公司。如果借款人或相关当事方在这些方面有任何问题，那么在谈判协商这些条款时就会被发现。贷款人也可针对陈述条款的内容，要求借款人披露相关信息。

更重要的一点是，陈述条款都是与先决条件和违约事件条款挂钩的。如果陈述内容不真实，贷款人就可一方面拒绝继续向借款人发放贷款，另一方面根据违约事件条款寻求救济。值得一提的是，法律方面的陈述条款非常重要，仅仅依赖借款人在贷款协议中的陈述是不够的，贷款人还应当通过其律师对这些内容进行确认，一般应当要求其律师出具正式的法律意见书。

（三）谈判重点

陈述条款由于和先决条件条款和违约事件条款挂钩，所以也是贷款协议谈判的重要内容之一。借款人必须确保所有的陈述条款都是其可以真实、准确作出的，不会存在虚假或误导。借款人应当尽量限制陈述的范围，避免对超出其控制的事项作出陈述。借款人可以从以下三个角度去和贷款人商谈陈述条款。

第一，除借款人外，贷款人往往要求陈述的范围涉及其他债务人、借款集团及其子公司，因此，借款人应当努力将其他当事方排除在外，或尽量缩小"借款集团"和"子公司"等术语的定义范围。

第二，借款人陈述内容应当在某个时间点或者期限内保持真实准确。常见的时间点包括贷款协议签署日、首日放款日、后续放款日等。一般贷款协议会要求借款人确保所有陈述在贷款协议签署日是真实准确的，并要求借款人在放款日重复作出，有的贷款人甚至会要求借款人在整个贷款期间每天都重复作出这些陈述。因此，借款人就必须确保其可以在约定的时间点或期间内重复作出这些陈述内容，如果某些陈述可能后续无法作出，则需要限定可"重复陈述"的内容范围。一般情况下，这一点不是问题，但是某些陈述的内容如果不在借款人的控制范围内，那么借款人就必须特别关注。

第三，借款人最常使用的一个技巧是在陈述条款中加入"严重程度"（即重大性）方面的限制，或加入"基于借款人所知悉的情况"，从而防止其不会轻易违反陈述条款，如借款人陈述其没有发生诉讼，就可以修改为没有发生重大诉讼。

贷款人在谈判陈述条款时需要注意以下两点：第一，为了达到尽职调查的目的，陈述条款的内容应当尽量宽泛；第二，如果借款人要求在陈述条款中加入"重大"等限定性词语，则需要特别注意，因为"重大"是一个相对主观的词语，一般没有一个客观标准，陈述条款中加入"重大"性方面的限制后，贷款人可能很难依赖这些条款。而且，如果在陈述条款中有了"重大"的限制，而在违约条款中又有"重大"的限制，例如，在陈述条款中规定"借款人已遵守了所有重大法律规定"，在违约事件条款中又规定其中的一项违约事件为"任何陈述内容存在重大误导或者虚假不真实",那么当两个"重大"叠加在一起的时候,贷款人将很难主张借款人发生了这方面的违约事件。

陈述条款可分为两大类,即法律陈述和商业陈述。下面将具体展开进行介绍说明。

五、条款 7 声明和陈述条款中的法律陈述

法律陈述主要针对借款人的法律地位、交易文件的合法有效性等内容。很多法律陈述条款是贷款协议中的必备条款,而且贷款人一般不接受修改。法律陈述条款又具体分为基本法律陈述条款和常见法律陈述条款。下面将具体展开进行介绍说明。

(一)基本法律陈述条款

基本法律陈述条款包括主体资格、签署权限、法律约束力、无冲突、适用法律和争议解决的选择、备案登记及相关税费、授权签字人等内容。

1. 主体资格

主体资格(status)是针对借款人依法设立并有效存续的情况。即借款人是根据其设立的司法辖区的法律合法成立并有效存续的公司。借款人及其各子公司对自己的财产和资产享有完全的权利并在其业务范围内开展业务。

合法的主体资格是签署贷款协议的一个基本前提。除了依法设立和有效存续外,这个条款中还要求确认借款人及其子公司合

法拥有资产和开展业务,这部分内容的主要目的是确认将来如果发生诉讼和仲裁,则可以强制执行其资产。对于借款人的主体资格,贷款人仅靠借款人的陈述是不够的,还应通过独立第三方,即法律顾问进行调查,并由律师出具法律意见书确认。

2. 签署权限

签署权限(power and authority)条款要求借款人陈述其有权依法签署贷款协议和其他文件。签署权限的声明主要是为了避免借款人可能以签字人无权代理为理由不承认贷款协议和其他融资文件。签署权限一般需要根据公司的章程或者股东会、董事会议事规则等其他公司章程性文件来确定。向银行申请融资或者提供担保属于公司重大事项,一般需要有公司股东会或董事会的决议批准。借款人(及其他债务人,如有的话)必须按照其各自章程或者其他章程性文件的要求履行相应的授权程序。如果借款人或其他债务人没有获得必要的授权,而且贷款人知道这一缺陷而仍然继续签署和履行合同,则贷款人的权益就得不到保障。因此,审查借款人和其他债务人的授权情况是非常必要的。贷款人一般都要求其法律顾问通过法律意见书确认这一点。

3. 法律约束力

法律约束力(binding obligations)条款的常见内容为融资文件中约定的义务对借款人合法、有效、具有约束力,并且可以被执行。合法是指合同符合法律规定,不违反任何强制性法律规定;有效是指合同达成满足法律规定的生效条件;有约束力是指一旦违反会产生相应的法律后果;可执行是指可以请求法律对合同条款进行强制执行。合法有效的债务不一定有约束力，如合同中约定第三方的义务对该第三方就没有约束力。合法、有效、有约束力的义务可能不一定能得到执行，如由于主权豁免而不能执行。所以，贷款人需要借款人同时声明融资文件合法、有效、有约束力以及可执行。这个条款的主要目的是确保有关融资文件的争议可以向法院起诉或仲裁机构仲裁，并可以得到法院或仲裁机构的支持和执行。

4. 无冲突

无冲突（no conflict）是指贷款协议和其他融资文件项下的义务不会和借款人的其他义务，包括法律和协议上约定的义务相冲突。这个声明的目的是为了确保融资文件的顺利履行，避免借款人或其他任何第三方提出抗辩。这个条款一般很少会被修改。

5. 适用法律和争议解决的选择

贷款协议中会要求借款人声明融资文件所选择适用的法律和争议解决方式可得到承认和执行。如果争议解决方式是仲裁而不是法院诉讼，那么这个声明条款内容需要相应修改。

6. 备案登记及相关税费

备案登记及相关税费条款要求借款人说明融资交易文件需要哪些备案登记手续及税费。这个条款主要用于尽职调查，贷款人希望通过这个条款了解这个融资交易中涉及哪些备案或登记手续以及相关的税费。尽管贷款人会通过其法律顾问确认这些手续和税费，但由借款人进行这方面的陈述还是必要的。本条款和税费补偿条款相挂钩，贷款人一般会要求所有的税费由借款人承担，如果必须由贷款人支付，则借款人需要向贷款人进行补偿。

借款人必须了解融资交易涉及的备案登记要求和相关的税费，并在这个条款中明确列明。如果没有列明相关的备案登记和税费要求，则属于不实陈述，将构成一项违约事件。

7. 授权签字人

授权签字人（authorized signatures）条款要求借款人声明代表债务人签署文件的人都已获得相应的授权。授权签字人的签字权限是重要的法律问题。如果签字人没有获得相应授权，则债务人有权主张该签字人签署的文件无效。虽然贷款人可能会拿表见代理作为抗辩，但是，直接在贷款协议中要求借款人作出此陈述对贷款人更有帮助。

除了陈述条款外，贷款协议还会在格式条款中增加一个条款，规定贷款人有权依赖声称有权代表借款人的指令，从而在一定程度上增加对贷款人的保护。当然，贷款人还是有必要审查授权签字人的授权文件。贷款人的外部律师一般会负责起草或审查这类授权文件。

（二）常见法律陈述条款

除了基本法律陈述条款外，贷款协议中还经常出现一些其他法律陈述条款，包括：作为证据的可接受性、批准和授权、担保权益的优先顺位、无税费扣减、无主权豁免、合法的所有权等。

1. 作为证据的可接受性

证据方面的陈述条款（admissibility in evidence）要求借款人

声明融资文件在借款人所在司法区域可作为证据得到认可。

2. 批准和授权

授权（authorization）方面的声明条款是指使借款人能够合法地签署融资文件，并且其作为融资文件的一方当事人已经获得合法地行使其权利、履行其义务的授权，并且该授权保持充分有效。这个条款的目的是要借款人确保其应当获得的批准和授权已经获得，这与承诺条款中的授权承诺略有不同。授权承诺包括已经获得的授权和将来需要取得的授权，并且承诺将来都会保持充分有效。可见，授权承诺条款的范围要大于批准和授权声明条款。因此，在承诺条款中已经有授权承诺的情况下，批准和授权声明条款也并非必不可少了，删除也没有关系。

3. 担保权益的优先顺位

担保融资中，贷款人会要求借款人在贷款协议中声明所设担保的优先顺位。如果担保财产上设有在先的担保，那么该条款需要相应修改，以反映事实情况。尽管担保的优先顺序并不取决于当事人在协议中的约定或者声明，而应当由法律规定，但是贷款人仍然希望借款人在贷款协议中作出此类声明。如果借款人的声明是不正确的，那么贷款人可以行使贷款协议中约定的权利。

4. 无税费扣减

无税费扣减（no deduction of tax）条款要求借款人声明其根据融资文件向贷款人支付的任何款项无须进行任何税费扣减。贷款人希望通过这个条款确认其将来从借款人处收到的任何款项不需要进行税费扣减。借款人有义务了解借款人和其他债务人所在司法区域的税务扣减要求。根据税费补偿条款的要求，如果相关司法区域的税法要求债务人向贷款人支付的款项需要进行税费扣减，则该等扣减的税费需要由债务人向贷款人进行补偿。在可行的情况下，借款人可以要求贷款人变更其发放贷款的分行，以便规避这一税费扣减，从而降低融资成本。

5. 无主权豁免

常见的无主权豁免（no immunity）条款是指借款人签署其作为一方的文件、行使和履行融资文件项下的权利和义务的行为，是为了实现其私人和商业目的，属于私人和商业行为；债务人不得在与融资文件相关的诉讼、执行、财产扣押和其他任何有管辖权的法律程序中主张司法豁免。

主权豁免是指国家的行为及其财产不受他国管辖。在国际法律实践中，主权豁免分为绝对豁免和相对豁免。绝对豁免是指国家的一切行为和财产在外国均享有豁免。相对豁免主张将国家行为分为商业行为和非商业行为，前者不享有豁免，而后者享有豁免。主权豁免可以通过条约、合同或声明，事先或事后以明白的语言表达就某种行为或事项放弃豁免。无论借款人所在国家是主张绝对豁免还是相对豁免，如果借款人通过协议明确放弃其可能享有的主权豁免，法院一般就不会支持借款人在诉讼中提起的主权豁免。因此，在跨境交易中，一些国际银行非常强调放弃主权豁免条款，尤其如果借款人是政府机关或者具有政府背景的机构，例如政府支持的事业单位或者国有企业。

6. 合法的所有权

合法所有权（legal ownership）陈述条款要求借款人声明其对其提供担保的财产依法享有所有权。如果贷款基于重大财产的担保，那么就有必要加入这一陈述条款。在并购融资中，如果并购完成后的资产或股权需要设置担保，贷款人有必要要求借款人陈述这些资产或股权在并购完成后将成为债务人合法拥有的财产，上述陈述条款就需要相应的调整。

普通法中，所有权可分为法定所有权和受益所有权（beneficiary ownership）。受益所有权，是指受益所有权持有人并不是法律登记所有权人，但对财产享有全部受益权。因此，如有基于普通法提供的担保，那么上述条款中有必要写明法定和受益所有权。

六、条款7 声明和陈述条款中的商业陈述

商业陈述是有关借款人的特定事实状况的声明，主要包括基本商业陈述条款、常见商业陈述条款和其他商业陈述条款。下面将具体展开进行介绍。

（一）基本商业陈述条款

基本商业陈述条款包括无违约、无误导信息、无诉讼程序、依法纳税、没有违法、财务报表等。这些条款在各类不同融资交易的贷款协议中一般都会出现，且贷款人一般不会同意删除这些陈述条款。

1. 无违约

常见的无违约（no default）陈述条款是指任何融资文件的签署或者进行任何融资文件项下的任何交易不会存在或者导致任何违约。并且，也不存在任何会构成违约的未完结的事件。从借款人的角度，违约可分为严重和不严重，借款人总是希望排除那些不严重的违约。因此，借款人可以要求将此条款中的"违约"修改为"重大违约"，或加入"但是不会给贷款人的权益造成重大不利影响的除外"。

2. 无误导信息

无误导信息（no misleading information）陈述条款要求借款人声明借款人及其子公司向贷款人提供的所有信息都是真实准确的，不存在误导。这个条款中的真实、准确和完整三个形容词是互相补充的一个整体。真实、准确的资料如果不完整，仍然可能造成误导。因此，贷款人一般不会同意删除其中任何一个词语。

从借款人的角度，在同意作出此陈述前要考虑资料的性质。对于事实方面的资料，例如公司业务介绍、财务报表等，声明其真实、准确和完整是没有问题的。但是，有些资料可能基于主观判断或者基于推论，例如财务预测，保证其真实准确是有困难的。因此，借款人可以考虑对这类资料进行排除或单独陈述。

3. 无诉讼程序

无诉讼程序（no proceedings pending or threatened）陈述条款要求借款人声明其不存在任何未完结的或者潜在的诉讼程序。

4. 依法纳税

纳税（taxation）陈述条款要求借款人声明其及子公司已按照法律规定依法纳税。依法纳税是每一个企业的义务。不依法纳税会导致税务处罚，可能出现较为严重的后果，对贷款偿还产生影响。因此，贷款人会比较关注债务人的纳税情况。除了陈述条款中对过去纳税情况的声明外，承诺条款中也会要求借款人承诺将来依法纳税。

5. 没有违法

没有违法（no breach of laws）陈述条款要求借款人声明其及子公司没有发生重大违法行为，有时候会把没有劳务纠纷也纳入其中。遵守法律是借款人的义务。但是，借款人可能担心不能排除有时发生一些非故意的轻微违法违规行为。因此，借款人可以通过在这个条款中加入重大不利影响来排除那些轻微的非故意违法行为。遵守法律是一个比较重要的事项，所以除了在陈述条款中声明过去没有违法记录外，承诺条款中也会要求借款人承诺将来遵守法律法规。

6. 财务报表

财务报表（financial statements）陈述条款要求借款人声明其提交的财务报表是按照会计准则准备的，并真实地反映其财务和经营状况。财务信息是评估借款人信用状况的核心资料。因此，财务报表的可信度是贷款人非常关注的。在贷款实践中，银行一般会要求借款人的财务报表由银行认可的审计师审计。财务报表陈述条款正是基于贷款人的这一关注而制定的条款，贷款人一般不允许删除或修改这一条款。

(二)常见商业陈述条款

除了基本商业陈述条款外,很多贷款协议中还经常出现一些其他的商业陈述条款。这些条款包括无破产程序、无其他担保、无其他财务负债、无重大不利变化等。

1. 无破产程序

"无破产程序"条款要求借款人声明,"其没有资不抵债或进入任何破产程序"。破产程序条款中一般会包括资不抵债、任何破产程序或债权人程序,包括借款人主动提出的破产申请,债权人对债务人提起的破产申请、重整程序、清算程序、债权人申请查封或扣押债务人的资产等。破产程序是比较严重的事件,一般都会对债务人造成重大不利影响。所以这个条款中贷款人不会同意再增加"重大不利影响"的限制。

2. 无其他担保

"无其他担保"条款要求借款人声明,"除了融资文件允许的担保权益外,债务人没有对外提供其他担保"。贷款人可以通过这个条款了解借款人的对外担保情况。虽然对外担保会在借款人的资产负债表中有所体现,但是要求借款人进行这方面的声明还是有必要的,因为如果该声明不真实会构成一项违约事件,贷款人可以采取相应的救济措施。

对于借款人而言,如果借款人有对外担保的情况,则应当向贷款人说明,并在本条款中明确排除那些已经存在的担保。比较常见的排除方式是,将那些现有的担保做成一个清单,作为贷款协议的一个附件,或者简单在本条款中写明"除那些在本贷款协议签署日之前已经书面告知贷款人的担保外"。

本陈述条款和承诺条款中的消极担保条款一起对借款人提供对外担保进行限制。这类限制在项目融资或者其他向特殊目的公司提供的融资中非常重要,因为这类融资主要基于项目公司或其他特殊目的公司自身的资产,如果借款人再向其他人提供担保,会影响到其偿债能力。

3. 无其他财务负债

"无其他财务负债"条款要求借款人声明,"除了融资文件允许的财务负债外,其没有其他财务负债"。财务负债的范围在定义条款中说明,主要是指贷款债务,但不仅限于此。贷款人在信贷评审时都会关注借款人财务负债情况。

无财务负债陈述条款和承诺条款中的不得举债一起限制债务人对外举债。并不是所有的贷款人或者所有的贷款交易中都会限制债务人对外举债。是否有此限制性要求,取决于贷款人的要求以及具体的融资交易性质。借款人需要根据自身的经营情况考虑是否完全接受这一条款,或者提出相应的修改要求。

4. 无重大不利变化

"无重大不利变化(no material adverse change)"条款要求借款人声明自某个特定日期以来其业务经营和财务状况没有发生重大不利变化。特定日期一般是借款人提供的最新的财务报表财务期间截止日,例如"自[日期]以来,借款人的业务和财务状况没有发生重大不利变化"。

（三）其他商业陈述条款

除了基本商业陈述条款和常见商业陈述条款外，贷款人根据具体的交易情况或基于其他考虑，可能还会要求其他陈述条款。这类条款无法穷尽，以下举五例说明。

1. 集团股权架构

某些贷款交易中，贷款人会要求借款人提供集团股权架构图（group structure chart）和相应的说明，如每一公司的名称、注册地址、持股比例等；同时要求借款人声明这一集团股权架构图及相关信息是真实、准确和完整的。

2. 股份或股权

有股权担保的融资交易中，贷款人需要特别关注那些设置担保的股权或股份，关注的内容包括：这些股份或股权对应的资本金是否已经实缴，公司章程文件中是否对股份或股权处置有限制，公司是否会增发从而稀释担保人持有的股权等。这些事项会对股权担保的效力和可执行性造成影响，因此，有必要在陈述条款中要求借款人作出相应的声明。

3. 环境保护

对于那些可能产生污染的石油、化工等行业的借款人，贷款人需要考虑要求借款人对其遵守环境保护相关法律法规的情况作出陈述，声明其没有违反环境保护法律法规要求，不存在环保侵权责任等。

4. 知识产权

对于那些公司业务和资产主要依赖其专利技术的借款人，贷款人需要考虑要求借款人作出知识产权方面的陈述，声明其依法享有知识产权，遵守知识产权方面的法律，不侵犯他人的知识产权等。

5. 并购交易文件

并购融资中，贷款人需要关注并购交易文件，包括股东协议、股权买卖协议等。贷款人可以考虑要求借款人作出相关的陈述，如要求借款人声明所有的并购条款都已经包含在并购文件中，不存在没有向贷款人提供的其他文件等。

七、条款 8 借款人承诺条款中的承诺条款概述

承诺（undertakings 或 covenants）是借款人作出的有关其业务和其他事项的保证，包括承诺做某些事以及不做某些事。在贷款协议中，贷款人通过承诺条款对借款人的业务施加影响，以确保借款人的财务状况、业务和资产在特定的范围内，从而防止贷款人对借款人的信贷风险扩大。承诺条款直接与违约条款挂钩，借款人如果违反承诺条款，将构成违约事件，而发生违约事件后银行就没有义务继续放款。承诺条款可以分为积极承诺和消极承诺两部分，也可以分成一般承诺、信息承诺和财务承诺三部分。

承诺条款是贷款协议谈判中的重点条款之一。贷款人为了保障其贷款债权安全，往往希望对借款人有一些限制。而借款人则需要有一定的自由空间去经营业务。二者需要进行平衡，一方面使贷款人的利益得到保障，另一方面又不会对借款人造成极大负

担，影响其日常经营。

对借款人而言，在承诺条款的谈判过程中尤其需要谨慎，尽量避免作出那些可能影响其正常业务的承诺。承诺条款一般只约束借款人，如果有其他债务人（如保证人）作为贷款协议的一方加入签署贷款协议，则对其他债务人也有约束力。但是，很多时候贷款人也希望将那些非协议签约方（如借款集团其他成员或借款人的所有子公司）也纳入承诺条款覆盖的范围，因为那些当事方需要履行的某些债务也关系到贷款协议的合法有效性或者贷款债权的安全。这种情况下，最常见的方法是，在相关承诺条款中增加"借款人应当确保借款集团其他成员和子公司必须履行某项义务"的内容。

以下从一般承诺、信息承诺和财务承诺三个方面分析贷款协议中常见的承诺条款内容。

八、条款 8 借款人承诺条款中的一般承诺

一般承诺要求借款人保持其在陈述和声明条款中所述的法律地位以及资信状况。这是贷款人同意向借款人提供贷款的基础，贷款人希望通过一系列的承诺条款来约束借款人，使其业务和资信状况不会变差，尽快发现可能存在的财务或其他问题，保障借款人的还款能力。违反一般承诺会构成一项违约事件。

一般承诺可以分为积极承诺和消极承诺两类。积极承诺要求借款人必须主动采取某些行动，例如，保证取得某些资质或批

文,保证遵守法律法规,保证对其资产投保等。消极承诺就是禁止借款人采取某些行动,如不得在借款人的资产上为其他人设定担保、不得处置重大资产等。一般承诺条款主要包括必备条款、常见条款和其他条款。下面将具体展开进行介绍说明。

(一)一般承诺必备条款

1. 授权

如果借款人需要获得相关的授权(authorization)才能履行贷款协议项下的义务,或者保持贷款协议的合法、有效和可执行性,那么贷款人会要求借款人保证其获得并维持这些授权。授权条款就是要求借款人确保这些授权已依法取得并保持有效。

授权包括各类授权、同意、审批、决议、许可、登记、备案、公证等内容,这些一般需要在贷款协议的定义条款中进行明确。如果定义条款中没有定义授权,则有必要在该条款中罗列各种可能需要修改的授权、同意、审批、决议、许可、登记、备案、公证等具体事项。由于授权的定义非常广泛,借款人可以要求对该条款进行一些限制或者排除,例如增加"如果未能获得某类授权不会造成重大不利影响的除外"。

2. 遵守法律

遵守法律条款(compliance with law)是一个非常宽泛的条款,主要内容是要求借款人承诺依法经营,遵守法律法规。如果借款人不遵守法律,该等违法行为可能会导致借款人无法履行贷款协议规定的义务,所以贷款人总是希望在贷款协议中加入这一条款,作为保障其贷款债权安全的工具。

从借款人的角度而言，这个条款很可能会造成一些不利后果。虽然遵守法律是每个企业应尽的义务，但是，借款人可能有意或无意违反一些不是非常重大的法规。违法的原因有可能是某些法规不合理，导致企业无法遵守或者存在很多企业普遍不遵守的情况，或者对于有些规定的违反并不会造成严重后果。借款人可以要求对遵守法律条款进行一些限制或者排除。最常见的排除条款是"违反某些法律法规不会影响借款人履行其义务的除外"。一般情况下，贷款人可以同意这一排除，但是，根据借款人所从事的行业或业务经营类型，也需要具体情况具体分析。

3. 同等顺位

同等顺位（pari passu）条款针对借款人对贷款人的债务和借款人对其他债权人的债务之间的顺位关系，要求借款人确保这二者之间至少是平等的。这个条款中借款人对其他债权人的债务限于那些无担保、非从属的债务，并且排除了法定优先受偿的债权等。如果没有这个条款，那么借款人有可能与其他无担保的债权人约定优先清偿其债务，可能对贷款人造成影响。因此，贷款协议中加入这一同等顺位条款是有意义的。同等顺位条款总是与消极担保条款同时使用，保障贷款人的债权得到优先清偿。

（二）一般承诺常见条款

1. 消极担保

消极担保（negative pledge）条款限制借款人及其子公司在其资产上为第三方设定担保。无担保贷款尤为重要，因为一旦借款人为第三人设立了担保，无担保的银行贷款就会排在担保债权之后。在担保贷款中，这一条款也有助于避免因第二顺位担保而产生的优先顺序问题。

除了限制担保外，消极担保条款还会限制一些类似于担保的安排（quasi security）。类担保安排是指那些为筹集融资债务或为资产并购融资而进行的交易，包括售后回租、完全追索权的应收账款购买、物权保留、账户担保、其他优先清偿权安排。类担保安排虽然不是担保，但是从实际效果上具有和担保类似的作用。

从贷款人的角度，消极担保条款中的"担保"和"类担保安排"的定义越广泛越有利于保护贷款的债权安全。从借款人的角度，可考虑与贷款人协商以下几点修改意见。首先，要求全部删除消极担保条款。除非借款人的信用很好，或者担保很充分，一般情况下银行作为贷款人不会愿意删除消极担保条款。其次，消极担保的适用范围仅限于借款人，而排除借款人所在集团的其他成员。最后，明确约定一些例外情形，即这些例外情形下设置担保或者类担保安排是允许的。这一意见往往更容易被银行所接受。常见的例外情形包括：第一，本贷款协议签署日前借款人已经书面告知贷款人并经贷款人书面确认的现有担保权益；第二，借款人在其一般银行交易过程中为抵销借方和贷方结余所订立的净额结算或为抵销安排而按正常交易原则设立的任何担保；第三，基于法律的实施及在一般贸易过程中产生的任何留置权，但该受担保的债项应于到期时偿还或通过适当的程序提出异议，并就此妥善备拨；第四，担保债务金额不超过一定金额的担保。

2. 资产处置限制

常见的限制资产处置（no disposal）条款要求借款人不得订立任何交易或任何一系列交易（不管是否相关，自愿或不自愿）以出售、租赁、出让或以其他方式处置其任何资产，除非是正常经营过程中进行的。

借款人需要仔细考虑例外的范围，以确保其能正常开展经营行为。除了日常经营中处置产品和存货的行为外，借款人还可以要求更多的例外。常见的例外包括：集团内部成员之间的资产处置、按公平市场价销售资产并收取现金的处置、因执行贷款人允许的担保而进行的处置、在一定金额范围内的资产处置。

3. 不得合并

不得合并条款（no merger）是贷款协议中的常见条款之一。这一条款通常要求借款人不得与其他公司合并、分拆、兼并与重组。很多时候，贷款人希望此限制也适用于借款人所在集团的其他成员。

贷款人给借款人提高授信是以借款人的特定身份、信用状况为基础的。如果借款人发生兼并、分拆与重组等情况，尤其是那些与借款人的经营业务相差很大的公司或者那些信用状况比借款人差的公司，借款人的主体资格将发生变化，信用状况也会发生改变，从而影响信贷风险评估。合并重组还可能会影响整个交易中的税费结构，例如跨境合并后可能导致预提税。因此，贷款协议往往限制借款人兼并、分拆与重组。一旦借款人发生兼并、分拆与重组等情况，则将构成一项违约事件，借款人需要根据贷款协议提前偿还贷款。

借款人往往希望这一条款不要限制其所在集团主动进行的一些重组，特别是经营状况良好的情况下进行的结构性重组。对于这种情况，贷款人一般会要求借款人提前通知。有些谨慎的贷款人会要求无论何种情况，都需要其事先书面同意，但是对于不会影响借款人履行贷款协议能力的重组，贷款人不得不给出合理的拒绝理由。

4. 不得变更业务

不得变更业务（no change of business）条款要求借款人不得在签署贷款协议后对其或其集团的业务作出重大调整。贷款人之所以要求这一点，是因为其在信贷评审时就考虑了借款人的行业、业务性质、成长性等方面，并基于其业务测算了贷款资金需求，并且希望其贷款风险限定在借款人所从事的业务领域。不得变更业务条款要求借款人必须继续坚持其核心主业，避免进入其不熟悉的新的业务领域，引起很大的风险。

5. 不得举债

不得举债（permitted financial indebtedness）条款主要是限制借款人大量举借新的债务。大量举债会影响借款人的财务负债情况，从而影响到还款能力。通过这样的限制，借款人如果需要举借任何新的债务必须事先获得贷款人同意。

有的借款人可能需要随时举借新债务，因此不同意这样的条款。这种情况下，借款人和贷款人可以协商一个债务上限，允许借款人举借新的债务，但是不得超过这个上限。

6. 不得对外放贷和保证

不得对外放贷和保证（no loans or guarantees）条款常见表述为"借款人不得向任何人提供财务负债或提供担保，融资文件中约定的或者正常贸易过程中发生的除外"。这个条款的主要目的是限制借款人对他人的风险敞口，同时防止借款人将资产转移。

7. 配合检查

配合检查（access）条款要求借款人配合贷款人进行现场检查，提供相关方便。贷款人对借款人进行现场检查一般是例行的，如一年一次，或是在发现借款人可能有违约的嫌疑后进行。贷款人的检查要求必须是合理的。

8. 公平交易

公平交易条款（arms-length basis）要求借款人承诺在公平市场基础上进行交易。常见条款为借款人不得与任何人进行以非公平条件和非市场价值为基础的交易。这个条款的主要目的是防止借款人将其资产转移给关联公司（尤其是那些不是担保人或其他债务人的关联公司）或其他第三方。对于借款人而言，如果集团内部成员之间或者借款人和那些私募股权投资人之间有一些特别安排，则应考虑该条款中作为例外排除。

9. 纳税

纳税条款（taxation）要求借款人承诺按时缴纳税款。不按时纳税可能遭受税务处罚，影响借款人的经营，甚至影响其还款能力，因此贷款人需要对此进行关注。对于借款人而言，按时依法纳税是其法定义务。但是，借款人有时不及时纳税可能有合理的理由，例如对税款金额有合理的抗辩理由，这些可以作为这个条款的例外排除。另外，借款人还可以要求排除那些不会产生重大影响的税务不合规情况。

10. 保险

常见的保险条款（insurance）要求借款人应该就其业务和资产购买保险并长期购买那些与其业务类似的公司通常所应购买的保险。保险条款的主要目的是规避意外风险，保持资产的价值。

（三）一般承诺其他条款

贷款协议中还会有一些其他的一般承诺条款，包括：

1. 后续条件

后续条件条款要求借款人承诺在约定时间内满足一些贷款项目所需要的文件，如项目融资中，建设项目需要获得土地使用权证、环境评估报告、项目施工许可证等。

2. 环境保护

环境保护条款要求借款人承诺严格遵守环境保护法律。对于那些可能产生污染的石油、化工等行业的借款人，这个条款会比较重要。

3. 知识产权

知识产权条款要求借款人承诺遵守知识产权方面的法律，不侵犯他人的知识产权。对于那些公司业务和资产主要依赖其专利技术的借款人，贷款人需要考虑加入这个条款。

4. 分红限制

分红限制条款要求借款人承诺在贷款偿还之前不得向股东进

行分红。这个条款在并购融资或杠杆融资中比较常见。

九、条款 8 借款人承诺条款中的信息承诺

信息承诺条款要求借款人定期向贷款人提供相关信息，如财务报表、KYC 文件、借款人向股东发送的资料、违约事件通知等。信息承诺使贷款人可以及时了解借款人的内部经营情况，从而掌握借款人的财务状况，确保贷款人对借款人的信贷风险可控。下面将具体展开进行介绍。

1. 财务报表

财务报表是检测借款人财务状况的核心资料，所以贷款人都会要求借款人提供。一般半年度报表要在半年度结束后 90 天内提供，年度财务报表在年度结束后 120—180 天内提供。

2. 违约通知

贷款人很难主动掌握借款人的违约情况，尤其是借款人在其他贷款协议项下的违约情况。因此，贷款人希望借款人主动通知贷款人发生任何违约，甚至潜在的违约。借款人需要注意的是，如果其不按照违约通知条款向贷款人作出通知，根据违约事件条款将会构成一项违约事件。

3. 财务合规证明

合规证明是借款人签署的证明文件，确认其财务状况没有突破贷款协议中约定的财务指标。如果贷款协议中设定了财务指标，贷款人往往会要求借款人在提供财务报表的同时签署并提供

一份合规证明。合规证明的格式通常会事先约定好作为贷款协议的附件之一。合规证明是贷款人衡量借款人财务指标的一个支持，需要说明计算财务指标所需要的财务数据。合规证明需要借款人的董事、财务负责人或授权签字人签署。

4. 其他信息

本条款要求借款人向贷款人提供其他各类信息，例如借款人股东或债权人所发文件。通常，借款人须按以下方式向贷款人提供各项资料：

第一，借款人向其股东（或任何类别股东）或其债权人发送的所有文件，应同时送交代理行。

第二，借款人在知悉时应尽快向贷款人提供任何对集团成员已提出、威胁提出或待决但假若作出不利裁决可能产生重大不利影响的诉讼、仲裁或行政程序的详情。

第三，借款人应尽快按贷款人的合理要求提供有关集团任何成员的财务状况、业务和经营状况的进一步资料。

第四，债务人授权签字人如有任何变更，借款人应尽快向贷款人发出经债务人的董事签署的通知，连同任何新授权签字人的签字样本。

通常，公司向其股东发出的文件并不是有关公司日常经营的文件，而是针对公司重大事项的文件。贷款人往往希望了解这些重大事项。有的借款人可能会提出其给股东的文件比较多而且繁杂，作出这样的承诺可能会对其造成不便。借款人可以和贷款人协商对提交给股东的资料进行限定。

这个条款对贷款人有很大的帮助，尤其是当借款人发生财务困难的时候，贷款人很大程度上将依赖这一条款要求借款人提供相关资料，以便深入了解借款人的情况。

5. KYC 文件

KYC 是了解你的客户（Know Your Customer）的英文简写。KYC 文件主要是客户身份识别文件，金融机构贷款人基于反洗钱法律规定而需要审查客户的文件。贷款人在签署贷款协议之前就需要完成对客户身份的识别。这一条款的目的是保障贷款人持续履行其反洗钱审查义务。因此，KYC 文件条款一般规定，当出现以下情况，贷款人需要重新进行 KYC 审查，借款人必须应贷款人的合理要求提供相关文件资料，包括：第一，法律法规或监管规定发生变化时；第二，借款人或其股东的身份发生变化，或有新的公司作为借款人加入贷款协议时；第三，贷款人打算转让其提供的贷款时，因为前者需要对新贷款人进行 KYC 审查。

十、条款 8 借款人承诺条款中的财务承诺

财务承诺是指借款人对其财务状况作出承诺，通常通过不同的财务指标来考评，财务指标往往选择比率指标，例如资产负债率、流动比率等；也可以选择一些绝对数值，例如最低净资产金额等。财务承诺条款的目的是对借款人的财务状况进行监测。在审批贷款申请时，贷款人需要对借款人财务状况进行分析，并对其未来的财务数据进行预测，只有借款人未来的净收入足以偿还

贷款时，贷款人才会同意向借款人提供贷款。通过财务承诺条款，进行定期财务测试，可以衡量借款人是否满足财务预测，了解借款人的经营情况，从而对借款人的信用问题提出预警，尽早发现问题，确保贷款安全。

对于贷款人而言，财务指标的缺点在于它是一个事后测试，可能发现问题时已经晚了；优点是它作为一个判断标准是确定的。对于借款人而言，需要注意财务指标是合理并可以实现的，避免承诺一些苛刻的财务指标，给其经营造成不便，触发违约事件。

（一）适用范围

大多数情况下，财务承诺都是基于合并财务报表的。合并报表包括以下两种情况：借款人及其子公司和母公司及其所有子公司（包括借款人）。有时，借款人希望将特定的子公司从集团中排除，使其不受贷款协议约定限制。此时，贷款协议中可定义非受限子公司（unrestricted subsidiaries）。非受限子公司的收入、资产和负债将从财务承诺中排除。

（二）财务指标

财务指标需要根据特定借款人的具体情况决定。通常，财务指标都针对借款人的偿债能力，并从以下三个方面进行规定：杠杆率、流动性、盈利指标。以下是贷款协议中常见的几个财务指标。

1. 资产负债率

资产负债率（debt asset ratio）又称负债比率，是借款人的负债总额与资产总额的比率。它表示借款人资产总额中，债权人提供资金所占的比重，反映借款人资产对债权人权益的保障程度。其公式为：

资产负债率=（负债总额/资产总额）×100%

负债总额（total liabilities）是指过去的交易、事项形成的现时义务，履行该义务预期会导致经济利益流出企业，包括流动负债和长期负债。其中，长期负债是指偿还期在1年以上或超过1年的一个经营周期的负债。资产总额（total assets）指借款人拥有或控制的全部资产，包括流动资产、长期投资、固定资产、无形及递延资产、其他长期资产等。

资产负债率本身并无好坏，但对借款人和贷款人有不同的意义。对于贷款人而言，资产负债率越高，偿还债务的能力越差，贷款债权的安全性就越低。所有贷款人往往希望借款人保持较低的资产负债率，如果负债率高，贷款人会提高贷款利率或其他收费，以与其贷款风险对应。对于借款人，尤其是借款人的股东而言，往往希望通过杠杆效应扩大负债，提高资本收益。只要借款人的总资产收益率高于负债成本，举债越多，投资收益越大。

资产负债率是分析借款人长期偿债能力的一个重要指标。资产负债率的大小反映借款人财务状况稳定性和安全性的高低。不同的行业、不同的企业规模以及不同的发展时期，资产负债率会有所不同。资本密集型的行业，例如金融、房地产，资产负债率普遍较高。新设的公司处于发展起步阶段，资金需求较大，资产负债率也会比较高。任何情况下，贷款人都会要求借款人的资产负债率小于1。如果资产负债率超过1，借款人资不抵债，破产清算的风险很高。资产负债率属于杠杆率（leverage ratio）指标，是贷款人最常用的信贷分析工具。借款人的资产负债率高低会影响其信用评级，从而影响贷款利率。

2. 资本负债率

资本负债率（debt capital ratio）是借款人的债务和其资本的比率，是衡量公司财务杠杆使用情况和偿债能力的指标。资本负债率的公式为：

资本负债率＝［负债／（股东权益＋负债）］×100%

资本负债率不是会计准则中要求计算和披露的比率，所以贷款协议中需要对负债进行定义，明确财务报表中的哪些事项属于负债的范围。常见的负债（debt）定义是指由借贷（borrowing）而形成的所有负债，借贷包括贷款、债券等各类财务负债（financial indebtedness）。

公司的发展资金通过债权人融资和股东提供资金两种方式获得。资本负债率可以直观地展示借款人的财务结构。该比率越高，说明公司更多是依靠贷款或公司债的方式来募集资金，同时也反映公司进一步使用财务杠杆来举债的空间不大。

资本负债率反映债权人所提供的资金占全部资金的比重以及借款人资本对债权人权益的保障程度。这一比率越低（50%以下），表明借款人的偿债能力越强，但仍需要考虑借款人所处的行业，结合公司具体的市场地位和业务发展阶段来分析。如果借款人的资本负债率和同行业的其他公司相比要高，则表明借款人的财务实力较差，有较大的还款付息压力，发生违约的风险较高。

3. 流动比率

流动比率（liquidity ratio）是流动资产与流动负债的比率，表示借款人每单位流动负债有多少流动资产作为偿还的保证，反映了借款人的流动资产偿还流动负债的能力。流动比率公式为：

流动比率 =（流动资产/流动负债）×100%

其中，流动资产（current assets）是指公司可以在1年或者越过1年的一个营业周期内变现或者运用的资产。流动资产的内容包括货币资金、短期投资、应收票据、应收账款和存货等。流动负债（current liabilities）是指将在1年（含1年）或者超过1年的一个营业周期内由公司偿还的债务。流动负债包括短期借款、应付票据、应付账款、预收账款、应付工资、应付福利费、应付股利、应交税金、其他暂收应付款项、预提费用和1年内到期的长期借款等。

流动比率是分析短期偿债能力的一个重要指标。如果流动比率过低，借款人可能面临到期难以清偿债务的困难。一般情况下，流动比率越高，借款人短期偿债能力越强，因为该比率高，不仅反映借款人拥有较多的营运资金抵偿短期债务，而且表明借款人可以变现的资产数额较大，贷款人的债务有保障，风险小。但是，过高的流动比率并不都是好现象，并不能说明借款人有足够的现金用来偿还贷款，因为这些流动资金可能是不能盈利的闲置流动资产。

一般而言，流动比率维持在 2 是比较合理的。贷款人可以认可的下限一般是 1.25，如果低于这个下限则偿债风险比较大。但是，流动比率没有一个统一的评价标准。不同行业、不同性质的公司，流动比率的实际标准也不同。所以，在分析流动比率时，应将借款人所处行业的平均流动比率与借款人的历史流动比率进行比较，才能得出合理的比率要求。

4. 利息覆盖率

利息覆盖率（interest coverage ratio）又称为利息保障倍数，是税息前利润和利息费用的比率，是衡量借款人偿付负债利息能力的指标。其公式为：

利息覆盖率 =（税息前利润/利息费用）×100%

其中，税息前利润是指未扣除利息费用的税前利润。利息费用（interest expense）是指当期发生的全部应付利息，包括流动负债的利息费用、长期负债中进入损益的利息费用以及进入固定资产原价中的资本化利息。

利息覆盖率越高，说明借款人支付利息费用的能力越强。相反，利息覆盖率越低，说明借款人难以保证用经营所得来及时足额地支付负债利息。合理地确定借款人利息覆盖率，须将该指标与同行业平均水平进行比较。

5. 偿债覆盖率

偿债覆盖率（Debt Service Coverage Ratio，简称 DSCR）是指借款偿还期内可用于还本付息的资金与当期应还本付息金额的比率。偿债覆盖率的公式为：

DSCR = [（EBITDA − T）/PD］×100%

其中，EBITDA是指税息折摊前利润。T代表企业所得税；PD代表当期应还本付息的金额，包括当期应还贷款本金金额及计入成本费用的利息。

偿债覆盖率是衡量借款人偿债能力的常用指标。偿债覆盖率越高，说明借款人偿债能力越强，有充分的资金偿还到期债务，贷款人的贷款债权越安全。反之，偿债覆盖率低，说明借款人的偿债能力差。如果偿债覆盖率低于1，则借款人将不能按时偿还到期债务，将发生债务违约。偿债覆盖率等于1时，贷款人的债权也会不安全，因为其利润是不稳定的，而应付本息是确定的。偿债覆盖率的一个优点是，其考虑了借款人应付本金，所以能更好地衡量借款人的偿债能力，避免发生债务违约。

6. 最低有形净资产

有形净资产（tangible net worth）是实物形态的资产，如现金、厂房和机器设备等，也包括金融资产，如证券等资产。当公司进行资产清理时，有形的净资产是最直观的、可直接变卖成现金的账面资产。有形净资产计算公式为：

有形净资产 = 净资产 − 无形资产

其中，净资产是资产负债表中的所有者权益，它由两大部分组成，一部分是公司设立之初投入的资本，包括溢价部分，另一部分是公司经营之中创造的资产。无形资产（intangible asset）指没有实物形态的、可辨认的非货币性资产，如商誉、专利权和其他一些知识产权等，但不包括土地使用权。

有形净资产是贷款人进行信贷审批时考查的一个重要指标。最低有形净资产代表了当借款人一旦发生清算时可以直接变现金的账面资产。一旦这个指标低于特定的金额，则贷款人的债权可能会不安全。因此，在财务承诺中设置这个财务指标，可以对借款人的资产状况作出预警，有利于贷款人尽早采取措施，保障贷款债权安全。

7. 税息折摊前利润

税息折摊前利润（Earnings Before Interest, Taxes, Depreciation and Amortization，简称EBITDA），即未考虑利息、税项、折旧及摊销前的利润。计算EBITDA的一个简单方法就是将净利润和所得税、固定资产折旧、无形资产和长期待摊费用及其他摊销、偿付利息所支付的现金相加。

EBITDA是一种利润衡量指标，在国际市场上被广泛使用，用以计算公司经营业绩。EBITDA没有资产负债率、流动比率这些指标那么常用，但EBITDA的定义在财务承诺中经常出现，因为在计算其他财务比率时经常需要用到它。

（三）财务指标测试

财务指标的测试往往需要基于借款人的资产负债表和利润表进行。由于这些财务报表都是按季度、半年度和年度准备的，所以财务指标都是每季度、每半年或者每年进行一次测试。相关期间（relevant period）可以定义为每个财务季度、每半年或者每个财务年度。有时候，相关期间也会被定义为12个月，即每个财务季度截止日往前的12个月。这样的话，财务指标是每季度测试一次，但每次要求的实际跨度都为 12 个月。尽管财务指标每个相关期间内才测试一次，但是，很多财务指标需要在贷款期内的任何时候都达标才行，例如杠杆率和流动性指标。

十一、条款 9 违约事件和救济措施

（一）违约事件定义

违约事件是贷款协议的重要条款。该条款列举各种可能发生的情况作为违约事件，一旦发生，将赋予贷款人相关权利，包括取消贷款承诺、宣布已发放的贷款立即到期、要求借款人立即偿还贷款等。

贷款人主要通过贷款协议中约定的违约事件条款重新审查其发放和维持贷款的义务，在借款人出现问题后实施必要的措施，如进行贷款重组等，保障贷款人的债权。在绝大多数情况下，贷款人并不会在一出现违约事件约定情形时就立即宣布违约事件，而是选择和借款人重新协商贷款条款。违约事件条款赋予贷款人在这一后续协商中的谈判筹码。

（二）违约事件和违约

违约事件和违约是两个不同的概念。违约事件是贷款协议中的一系列情况，一旦发生后即赋予贷款人主张贷款到期，并要求借款人立即偿还的权利。违约则是违反贷款协议的约定，违约的后果并不会必然导致贷款人有权要求贷款到期应付。贷款协议中经常约定一个宽限期，当出现违约后，借款人应当在

宽限期内补救，如果违约在宽限期内没有被补救则构成一项违约事件。

在违约和违约事件发生后，贷款人所拥有的权利是不同的，因此，贷款协议中有必要区分违约和违约事件。在实践中，这两个概念的使用往往也是贷款协议谈判的重要内容之一。

（三）借款人的视角

违约事件条款是借款人需要特别关注的条款，也是与贷款人谈判的重点内容之一。违约事件发生后贷款人就有权要求所有贷款立即到期应付，而且，往往银行贷款文件中都有交叉违约条款，即一个贷款协议项下的违约事件会同时构成其他贷款协议合同项下的违约事件，从而产生一系列连锁反应，对借款人造成极大束缚。因此，借款人希望限制违约事件的内容，并对贷款人主张贷款加速到期进行一些限制。常见的限制方式主要有以下三种。

第一，违约事件不是一出现相关情形后自动发生的，需要贷款人发出书面文件主张违约事件已经发生；这一点尤其重要，因为自动构成违约事件，在交叉违约条款作用下，会导致借款人所有借款债务全部同时到期应付。

第二，对每一违约事件情形设定宽限期，允许借款人补救，只有在宽限期过了之后仍未补救的才构成违约事件。

第三，借款人需注意，贷款协议中不同的违约事件适用的对象可能有所不同，有的只针对借款人，有的针对借款人、担保人、其他债务人或者借款集团的其他成员。

（四）贷款人的视角

违约事件是保障贷款人债权的重要条款。然而，违约事件的范围并非越大越好。在起草违约事件条款时必须考虑交易的现实情况。违约事件中列举的情形只能是那些一旦发生可能会损害贷款人的债权的情形，包括影响借款人的偿债能力，导致贷款人的贷款风险敞口扩大等。

贷款人需要关注的一个重要内容是违约事件的确定性，在可能的情况下，需要有一个客观的标准判断违约事件是否已经发生。如果违约事件是不确定的，贷款人完全凭主观判断主张违约事件，可能会出错，贷款人需要承担一定的过错责任。错误地或过早地主张违约事件，可能也不利于贷款人的债权保障。对贷款人最有利的是，借款人正常经营，有营业收入，能够正常偿还贷款利息和本金。

（五）违约事件的适用范围

一般情况下，贷款人都会要求违约事件的适用范围包括借款人以及借款人所在集团的所有成员。因为，通常情况下，贷款人同意向借款人提供贷款是基于借款人所在集团整体，集团的全部成员对借款人的信用状况、现金流等情况都有影响。

（六）典型的违约事件

典型的违约事件是那些贷款人特别关注的，一般在各种不同的贷款协议中都会出现的违约事件，主要包括以下 8 类。

1. 不付款

不付款是指融资文件项下的款项到期应付而未付。支付义务是贷款交易中借款人的核心义务,出现不付款的情况即违反了核心义务,是贷款协议中最重要的违约事件。不付款是借款人出现财务困难的征兆,对贷款人的债权安全具有关键意义,因此,贷款人往往不允许就不付款条款进行协商和修改。

不付款不仅限于贷款协议项下的本金和利息,还包括融资文件项下的其他付款义务,如根据费用函应当支付给贷款人的费用、承诺费、安排费等。不付款的条款中最常见的谈判点是宽限期。借款人往往希望获得一个适当的宽限期,但是,从贷款人的角度而言,不付款是非常严重的违约事件,提供一个宽限期可能对其债权安全造成极大影响。

贷款人可以接受的一个宽限期是针对由于技术故障导致的不付款行为的宽限期。这对跨境交易尤其常见,因为借款人需要从一个地区将款项支付到另一个地区,涉及时差、不同支付系统等因素,存在支付到账延迟的可能性。贷款人通常就此同意一个大约两天的宽限期,只要支付在此宽限期内到账,则不构成违约事件。对于其他情况下的宽限期,贷款人一般是不会同意的。宽限期内借款人一般需要按照罚息利率支付罚息。

2. 违反其他义务

债务人违反融资文件的其他义务也构成一项违约事件。通常,贷款协议会将违反其他义务的违约事件分为两项违约事件,即违反承诺和违反其他义务。前者涵盖财务承诺、信息承诺、一般承诺等承诺条款;后者涵盖承诺之外的其他各项义务。

财务承诺是贷款人衡量借款人财务状况的重要指标,因此,违反财务承诺也是一项很重要的违约事件。违反财务承诺往往会立即构成违约事件，而不会有一个宽限期，因为对财务承诺的违反是不可补救的。而且，对财务承诺指标的测试都是一段时间内进行的，例如一个季度或者一年，财务数据通常都在这段时间结束后一段时间内才能获得。在这之前，很难主张违约事件，即使借款人的经营状况长期看很差，可能无法实现财务承诺中约定的指标，但在财务数据出来之前都不好判断其是否违反财务承诺。

信息承诺是要求借款人在规定的时间内提供财务报表。因为财务报表都是在规定的财务期间结束后一段时间内（例如财务半年度结束后 120 天）才能获得并提供，所以对于信息承诺的违反也不会另外给予宽限期。对违反一般承诺的违约事件，贷款协议通常也不会规定一个宽限期。违反承诺条款之外的其他义务是一个兜底条款。违反承诺条款之外的其他义务，一般不会是特别严重的情形。

3. 不实陈述

不实陈述是指债务人所作的任何陈述或声明是不正确的，或具有误导性。如果贷款协议中所列的陈述或声明事项（例如财务和经营状况）是不真实的，贷款人可能根本就不会同意向借款人提供贷款。因此不实陈述应当被认定为一项违约事件。不实陈述一旦被发现，是不可补救的，因为陈述的事实都是过去已经发生的，不能改变。因此，不实陈述违约事件不会有宽限期。

4. 资不抵债、破产或债权人程序

这类违约事件在贷款协议中通常通过三个条款来约定，即资不抵债、破产程序和债权人程序。下面将具体展开进行介绍说明。

（1）资不抵债。所谓资不抵债，是指一个企业的资产不足以清偿其全部债务。这一违约事件针对资不抵债这一事实本身，而不需要启动任何破产程序。贷款人一般都不会给资不抵债的公司提供借款，因此，借款人取得贷款后发生资不抵债是比较严重的事件，影响到贷款人的债权安全。

（2）破产程序。破产程序违约事件是一个较宽泛的条款，以进入相关司法程序为标志。包括就任何下列情况采取任何公司行动、法律程序或其他程序或措施：

第一，借款集团任何成员暂停还款、延期偿付任何债务、清盘、解散、接管、临时监管或重组（通过自愿安排、协议安排或其他方式），并非债务人的集团成员在有偿债能力情况下进行的清盘或重组除外。

第二，与借款集团任何成员的债权人订立任何债务重组、转让或其他安排。

第三，就借款集团任何成员或其任何资产委托清盘人（并非债务人的借款集团成员在有偿债能力的情况下进行清盘除外）、接管人、破产管理人、破产接管人、强制管理人、临时监督人或其他类似人员。

第四，借款集团任何成员的任何资产上设置的任何担保被强制执行，或在任何司法管辖区提出任何类似程序或措施。

这些破产程序可分为两类，即由借款人主动提起的和由其债权人对借款人提起的破产程序。对于借款人主动提起的破产程序，只要一发生就构成违约事件。对于被动提起的破产程序，大多情况下贷款人可以同意给予一个宽限期，让借款人有时间去撤销这一破产程序，因为有的时候有的债权人恶意提起的破产程序很容易被撤销，如果需要花很长时间撤销被动提起的破产程序，则说明借款人可能真的有问题。需要注意的是，一旦法院宣布借款人破产，贷款人并不能完全按照贷款协议的约定直接要求借款人清偿贷款，而需要根据法律规定的破产程序的规定进行操作。

（3）债权人程序。债权人程序是指由债权人向法院提起的扣押、查封、冻结债务人资产的程序。查封（attachment）是指在判决作出之前，让债务人的财产处于法院的控制之下。扣押（distress）是指剥夺债务人占有的财产以清偿债权。执行（execution）是指债务人的财产，通常是不动产，被拍卖或变卖。冻结（sequestration）是指冻结债务人的财产，作为待决诉讼事后判决执行的保障。征用（expropriation）是指债务人的财产被政府征用。

借款人通常希望对资产价值设置一个底线，即只有达到这个底线的时候才构成违约事件。另外，借款人还可以要求一个宽限期，即如果这些法院程序在宽限期内撤销，则不构成违约事件。

贷款人通常要求资不抵债、破产程序和债权人程序的违约事件条款针对借款人所在集团任何成员。但是，如果借款人所在集团中有的公司是不进行运营的壳公司或不重要的小公司，贷款人也会同意将其范围限定在借款人、其母公司或借款人和其母公司的下属重大子公司。在后一种情况下，借款人和贷款人需要约定重大子公司的范围，或根据资产、营业收入、净收入等因素确定标准。如果借款人是一个单一的公司，没有关联公司，那么这一条款可以只限于借款人本身。

5. 不合法

不合法条款是指任何融资文件下的债务不合法。在贷款协议非法、无效的情况下，借款人需要偿还贷款。这里需要说明两点：

第一，贷款人在进行贷款交易时一般会聘请律师，并且要求律师在贷款文件签署后出具法律意见书，确保贷款交易和贷款文件合法有效。但是，法律和监管规定是可能发生变化的，后续的法律或监管规定的变化可能导致某个融资文件非法或者无效，这种变化也是贷款人所不能控制的。

第二，如前所述，违约事件和违约是两个不同的概念。违约事件的后果是取消尚未提用的贷款额度并要求已经发放的贷款立即到期应付。因此，从这个角度而言，不合法违约事件条款也是合理的。

不合法违约事件对借款人有潜在不利影响，即在交叉违约条款的作用下，可能触发所有其他举债交易文件项下的违约事件。为了避免这一交叉违约事件的发生，借款人可以考虑要求将不合法条款移到强制提前还款条款。对于贷款人而言，这样的修改不会影响其在出现不合法或无效情况时收回贷款的权利，所以一般也是可以接受的。

6. 预期不履约

预期不履约是指借款人采取一些行动,被认为其将不会履行融资文件约定。因此,贷款人需要将这类情况视为违约事件,以保障其贷款债权。

7. 交叉违约

交叉违约(cross default)是指一方在一份合同(合同一)项下的违约将自动导致该方另外一份合同(合同二)项下的违约。交叉违约针对以下四种情况:第一,财务负债到期应付而未付;第二,财务负债加速到期;第三,有关财务负债的贷款承诺被取消或暂停;第四,其他债权人有权宣布财务负债加速到期而由于某些原因没有宣布。

承诺条款中都会包括要求借款人将任何其他交易中的违约或违约事件通知贷款人的内容。这一点对于交叉违约条款的作用很重要。因为,如果借款人不将其他违约情况告知贷款人,贷款人就不知道借款人在其他财务负债下发生了违约,因此就无法使用交叉违约条款。

交叉违约的范围一般仅限于负债方面的违约,而不是任何义务范围。交叉违约条款的目的是使尚未发生违约的合同二中的债权人与已经发生违约的合同一中的债权人在和借款人进行协商时处于同等地位,否则,当借款人发生财务困难时,合同一中的债权人可能全部处置了借款人的资产而实现债权,而对于合同二中的债权人,当其可以宣布借款人还款的时候借款人已没有任何资产可以进行偿债。

交叉违约条款可以就借款人经营情况恶化发出预警，对贷款人具有重要的保护作用，银行贷款人一般不会同意删除此条款。借款人往往希望对交叉违约的范围进行限制，常用的限定方式有以下三种。

第一，将借款人所在集团的所有成员限定于借款人本身，或者借款人或其母公司下属的重大子公司，或者限定为债务人（即借款人和担保人），这样就可以避免因任何集团成员的财务违约发生交叉违约。

第二，对造成违约的财务负债金额进行限制，设定一个限额，达不到这个限额的就不构成交叉违约。限额通常是所有违约的财务负债的总金额，但强势的借款人也可主张单笔金额，即只要违约的财务负债没有一笔达到这个限额，就不构成违约事件。但是，银行贷款人一般都不太容易接受单笔限额。

第三，要求将交叉违约限定为交叉加速到期。

8. 重大不利变化

重大不利变化（material adverse change）条款是贷款协议中常见的标准条款，是指债务人的财务、业务经营情况发生了重大不利变化，对贷款偿还产生不利影响。常见条款为"任一事件或者一系列事件，经贷款人的判断，已经或者很有可能对借款人或借款集团整体的财务状况、业绩、运营、业务或者前景造成重大不利影响"。

通常，贷款协议会对重大不利影响（MAE）进行定义。通过重大不利变化条款，贷款人可以在债务人出现重大不利变化时宣布违约事件，从而收回贷款。重大不利变化条款可以起到兜底条款的作用，保护贷款人的利益。

（七）其他违约事件

除了典型违约事件外，贷款协议中还经常包括一些其他违约事件。下面将具体展开进行介绍。

1. 控制权变更

通常，贷款人会要求在贷款协议的违约事件中加入控制权变更条款，如果借款人的控制权发生变更就构成违约事件。控制权是指通过股权或其他管理约定对一个公司的控制权。借款人的股权资本结构是其资信情况的一个重要部分。控股权的变更会影响贷款人对借款人信用的评估。控股权的比例可以由借款人和贷款人协商确定。

对于借款人而言，将控制权变更作为一项违约事件不是非常合理，因为借款人的控制权发生变更不是借款人自身所能决定的。而且一旦将其作为违约事件，可能会导致一系列其他债务发生交叉违约，造成借款人财务困难。为解决这一违约和交叉违约的问题，借款人可以和贷款人协商，将控制权变更作为一项强制提前还款事件，而不是一项违约事件。

2. 管理层变更

管理层对借款人的资信状况具有关键作用，也是贷款人评估贷款时一个非常重要的考虑因素。贷款人往往会要求在贷款协议中加入管理层变更条款，即如果借款人的管理层发生变化，将构成一项违约事件。管理层变更条款在并购融资、管理层收购

(management buy-outs，简称 MBO）融资交易中非常常见。

3. 不履行生效判决

借款人或者其他借款集团成员未能按照有关管辖权的法院作出的生效判决履行支付义务。不履行生效判决违约事件条款在贷款协议中经常出现。不履行生效判决违约事件一般包含借款人和其他借款集团成员。取决于借款人和交易的具体情况，贷款人也可以同意将其范围限定在借款人或重大子公司。借款人还可以对判决履约金额进行限制，避免因很小的金额导致触发违约事件。触发违约的金额与贷款金额、借款人的资产规模相关，由贷款人和借款人协商约定。

4. 停止营业

停止营业是指借款集团任何成员暂停或终止（或被威胁暂停或终止）其主要业务，但是基于贷款人同意的处置而引起的除外。借款人的经营业务收入往往是其偿还贷款的主要来源。如果其暂停或终止营业会影响贷款偿还，从而影响贷款人的债权安全。因此，贷款人会要求将停止营业作为一项违约事件。

5. 诉讼程序

诉讼程序包括法院诉讼、仲裁、行政程序和其他争议程序。诉讼程序违约事件通常都会加一个重大不利影响的限制，因为有的诉讼程序，例如借款人是原告的情况，并不会对借款人不利。

借款人还可以对诉讼程序的标的金额作出规定，避免很少金额的争议构成违约事件。触发违约事件的诉讼标的金额大小根据贷款金额和借款人资产规模等因素，由贷款人和借款人协商确定。

6. 交叉加速到期

交叉加速到期条款和交叉违约条款一样，是为了保护贷款人权利，防止贷款人要求借款人还款时借款人已将所有资产清偿其他债权人。交叉违约和交叉加速到期条款有所不同。在交叉违约条款中，只要其他财务负债项下发生了违约或者违约事件，贷款人就可以主张其所在的合同项下的违约事件，而其他财务负债的债权人实际上并不一定宣布其财务负债加速到期。在交叉加速到期条款中，其他财务负债必须被宣布加速到期才构成违约事件。因此，交叉加速到期条款比交叉违约条款对借款人更有利。

借款人还可要求对交叉加速到期条款设置一个触发金额，在这个金额之下不构成违约事件。这个触发金额是指被宣布加速到期的那笔财务负债的金额，而不是借款人实际发生违约到期应付而未付的金额。触发金额的大小根据贷款金额和借款人资产规模，由贷款人和借款人协商确定。

7. 其他违约事件

在一些跨境的贷款交易中，还会有一些其他违约事件：

第一，国有化和征收。借款人的财产被借款人所在地政府征收。

第二，外汇限制。如果借款人所在地适用货币与贷款货币不一致，那么借款人需将其使用货币兑换为贷款货币进行还款。如果借款人所在国修改法律限制该等货币兑换，将会影响借款人偿还贷款。

第三，政府取消批准或退出国际条约。某些贷款交易需要取决于政府审批，或者政府作为国际条约的签约方，如果政府取消审批或者退出国际条约，将会影响贷款债权。这种情况下，贷款人往往会要求将政府取消批准或退出国际条约作为一项违约事件。

（八）违约救济

违约救济条款规定了发生违约事件后，贷款人享有的权利和可采取的措施。在发生违约事件后，贷款人享有的权利可分为以下四类。

1. 宣布贷款加速到期

加速到期（acceleration）是一项非常重要的救济权，是指所有已提用的贷款立即到期。加速到期的作用是，可以让贷款人有权要求借款人立即偿还贷款，因为如果贷款尚未到期的话，贷款人很难要求借款人立即偿还贷款。

2. 宣布贷款见索应付

见索应付（on demand）是指只要贷款人向借款人发出付款要求，借款人就应当立即支付。发生违约事件后，贷款人并不一定会要求借款人立即偿还贷款。但是，宣布可以要求借款人随时支付贷款本金和利息的权利，对贷款人是很重要的。

3. 取消承贷额

发生违约事件后，贷款人有权取消所有未提用的承贷额。在承贷额为零后，贷款人没有义务再向借款人提供贷款，借款人也不能再从该贷款人处申请提取任何新的贷款。

4. 行使融资文件约定的其他权利

违约事件发生后,贷款人有权开始行使融资文件中约定的其他各项权利,包括以下三类:

第一,执行担保。担保文件是重要的融资文件之一,通常担保文件中都会规定,发生贷款协议项下的违约事件是触发担保执行的事件之一。因此,一旦违约事件发生,贷款人就有权执行担保。当然,实践中贷款人往往不会立即开始实际执行担保。

第二,要求借款人支付罚息。违约事件发生后,所有欠付款项都将按罚息利率开始计算利息。罚息利率一般都比贷款利率要高,以补偿贷款人处置违约时的成本和损失。

第三,行使抵销权。抵销是银行的一项非常实用的救济,即银行可以从借款人在其处开立的任何账户中扣款,以抵销借款人欠付银行的贷款。

十二、条款 13 适用法律和争议解决办法

(一)适用法律条款

适用法律条款内容简洁,规定贷款协议适用哪个司法区域的法律。适用法律一般是指该司法区域的实体法律,而不包括冲突法则。因为,冲突法则可能会将贷款协议引向其他司法区域的法律。这一点一般不需要特别说明,但有些谨慎的贷款人可能要求在适用法律条款中明确这一点。适用法律是贷款协议的一个重要因素,因为贷款协议的结构或者某些规则会由于不同的法律而需

要相应调整。因此，适用法律需要在贷款协议开始起草前就确定下来。

（二）争议解决条款

争议解决条款约定贷款协议项下发生的任何争议采用什么方式进行解决。即由于本协议产生或有关的任何争议（包括关于本协议的存在、效力或终止的争议）应当提交具有管辖权的法院管辖。由于贷款协议中的争议解决条款一般选择法院，所以争议解决条款也常常被称为"司法管辖"条款（Jurisdiction Clause）。

从作为贷款人的银行角度来看，司法管辖条款需要提供一定的确定性，可以保证银行认可的法院具有管辖权，并且确保银行不会在其不熟悉的法院被诉；同时，银行又希望有一定的灵活性，可以自由追诉借款人及其财产。因此，在国际信贷市场中，贷款协议标准格式文本中往往使用单边专属管辖条款。常见的单边专属管辖条款如下（以中国香港地区为例）。

第一，中国香港地区法院对由于本协议产生或有关的任何争议（包括关于本协议的存在、效力或终止的争议）（以下简称争议）的解决具有专属司法管辖权。

第二，协议各方同意中国香港地区法院是解决争议最适当且方便的法院，因此，任何协议方均不会就此提出异议。

第三，本条规定仅为贷款人的利益而设，不应阻止贷款人在任何具有管辖权的其他法院提出与争议有关的法律程序。在法律许可的范围内，贷款人可以在其他司法区域提起法律程序，并且在多个司法管辖区内同时提起法律程序。

2001年，欧盟通过了《关于民商事裁判管辖权及判决承认和执行的条例》（《布鲁塞尔一号条例》，该条例2012年进行了修订，修订后的《布鲁塞尔一号条例》于2013年1月10日生效，并于2015年1月10日开始实施），对民商事诉讼管辖及法院判决执行事项规定了统一的制度和规则。

2012年9月，法国最高法院就×女士诉罗斯柴尔德一案作出判决，认定允许一方选择其他法院管辖而限制一方只能在约定的法院起诉的条款（以下简称单边专属管辖条款）无效。该判决在法律界和银行界引起了热烈讨论。

尽管×女士诉罗斯柴尔德一案是法国法院的判决，但由于该案涉及对《布鲁塞尔一号条例》的解释，因此对欧盟国家以及涉及欧盟国家当事方的交易产生了一定影响，使贷款协议中的单边专属管辖条款存在可能被认定为无效的法律风险。一旦单边专属管辖条款被认定为无效，则需要按照《布鲁塞尔一号条例》的规则确定司法管辖权。

除了上述法律风险外，在实践中，欧盟国家的借款人或债务人可能不顾贷款协议或融资文件中的管辖权条款，而在其所在国法院提起诉讼。无论这些法院是否采取与法国最高法院一致的态度，这都可以作为借款人或债务人拖延承担责任的诉讼伎俩。

上述法律和实务操作风险可能很小，但在涉及欧盟国家，尤其是法国的借款人或债务人时，银行需要谨慎考虑，权衡单边专属管辖条款的利弊。为应对单边专属管辖条款可能被认定为无效的风险，可以考虑以下方案。

第一,在贷款协议或融资文件中仅约定单一法院的专属管辖权,放弃银行选择在其他法院提起诉讼的权利。

第二,在贷款协议或融资文件中增加一个条款,约定如果单边专属管辖条款被认定为无效,当事方同意某一法院具有专属管辖权。但是,按照×女士诉罗斯柴尔德一案的判决,该新加入的条款也有可能被法国法院认为是无效的。

十三、条款 14 保密

保密(Confidentiality)条款规定贷款人保守借款人的信息处于秘密状态的义务范围,具体介绍如下。

(一)保密信息

保密信息包括非公开可获取的信息,如财务项目、产品细节、商业企划及由贷款方和代理人要求获取的任何有关借款方的其他财务数据。如果特定信息的披露可能影响借款方与其竞争对手、消费者、投资者和供应商、雇员等的关系,借款方可要求对该信息进行保密信息处理。公开可获得的信息不属于保密信息。

借款人可要求其所提供的所有信息,或以借款人名义提供的信息,都被视为保密信息。许多贷款协议并不包括一个明确的要求,即所涉及的信息应被视为保密信息。

(二)保密义务的例外

例外条款允许贷款人在约定的范围内披露借款人的信息。常见的例外条款为贷款人将对涉及借款人的相关信息保密,但是在如下条件下贷款人可以披露该等信息：第一，向贷款人的任何关联公司披露；第二，向贷款人或贷款人的关联公司的服务商或专业顾问披露信息，这些服务商和专业顾问对信息披露者负有保密义务；第三，向交易各方（或其代理人或专业顾问）中的实际或潜在参与方、下属参与方或贷款人的权利和义务的被转让方以及与交易或潜在交易相关的人披露信息；第四，向评级机构、保险公司、保险经纪人或信用保护的直接或间接提供者披露信息；第五，按照法律或权力机关相关的要求披露信息。

上述例外是为了便于贷款人的业务经营和贷款管理。借款人会对这个例外条款进行限制，这些限制包括：第一，要求限制"需要了解与贷款协议管理相关的信息"的第三方的信息披露；第二，要求贷款人进行信息披露前通知借款人，以便能尽早采取保密措施。关于这点，有两个典型的版本表述，分别为"在可操作的范围内，给予借款方以提前通知，以便于其有机会寻求保护性禁令，或者其他旨在保护秘密性的救济"；"除非法律或法院禁令明文禁止，否则贷款人应当尽合理的努力，在信息披露之前，通知借款人任何有关于政府部门或代表者所要求的任何相关信息披露"。

有些贷款人认为，银行监管机构不允许贷款方给予借款人有关银行业务检查相关信息披露的通知。在这样的情况下，有必要附加说明。如贷款人法律顾问会要求加上一句"在现行法律允许的范围内"，认为应能允许贷款人向监管机构提供相关信息而无须提前通知借款方。

第五节　金融条款

一、条款10 银团成员之间的关系

（一）银团贷款的基本原则

银团贷款（syndicated loan）是指两家以上的银行或金融机构组成银团，按照相同的贷款条件，共同与借款人订立银团贷款合同，按约定比例提供资金，贷款给借款人的一种授信行为。银团贷款通常贷款金额庞大，并且多为中、长期贷款。为了更好地理解银团贷款，有必要先了解银团贷款的几个基本原则，具体介绍如下。

1. 共同放贷

共同放贷，是指多个贷款人以相同的条件向同一借款人提供贷款。与单个贷款人单独放贷相比，共同放贷有利于开展大额贷款项目，节约时间和费用成本，同时也可提高贷款人的谈判实力。

2. 独立义务

银团贷款中，虽然贷款人是共同放贷，但各个贷款人的放贷义务是独立的。也就是说，每个贷款人仅就其承诺额部分承担责

任。如果某个贷款人不放贷，别的贷款人没有义务代替该贷款人发放贷款。而且，如果贷款到期应付，各个贷款人有权单独对借款人的违约主张权利。

3. 银团民主

银团民主，是指银团贷款中银团事务需要通过民主程序来决策，各贷款人的权利也按照比例分享。如果银团成员需要就某些事项进行投票表决，每个贷款人的表决权以其承贷额度占总承贷额度的比例计算。决议事项不同，表决通过所需的表决权也不同。重大事项往往需要多数贷款人同意，即占总承贷额 2/3 的贷款人；一般事项则只需要占总承贷额半数的贷款人通过；极个别事项可能需要全体贷款人通过。

银团贷款协议约定需要决议的事项的条款中会具体规定获得通过需要的表决权。需要多数贷款人批准的重大事项一般限于放弃或豁免某项先决条件、豁免某项违约或者违约事件、决定贷款加速到期等。需要全体贷款人通过的事项包括支付条款、改变受偿的优先顺序等。

银团贷款中，融资方的多数贷款人（majority lenders）是银团贷款中必不可少的一个概念。银团中的每一位成员都需要遵守由多数贷款人作出的决定。多数贷款人常见的定义如下。

第一，如当时并无尚未清偿贷款，则多数贷款人指其承贷额合计占总承贷额的 2/3 以上的一名或以上贷款人（或如总承贷额降至 0，则在紧接上述下降前共占总承贷额的 2/3 以上者）。

第二，在任何其他时间，多数贷款人指在当时尚未清偿贷款总额中其参与额占 2/3 以上的一名或以上贷款人。

由此可见，银团贷款所涉及的事项需要通过民主程序来决策，其中一家贷款人往往很难决定全部事项。这是银团贷款的优势，但可能也是银团贷款的缺点之一。当然，如果借款人发生了违约，单个贷款人还是可以单独主张其权利。

（二）银团贷款成员及其职责

银团贷款的组成成员除借款人以外，就是提供融资资金的银团。银团通常包括主办行（arranger）、参贷行（participating bank）及管理行或代理行（agent）等成员。国际大型的银团贷款或是项目融资案件甚至配合当地国情、融资架构而有承销行（underwriter）、担保代理行（security agent）、信托管理行（trustee agent）、文件准备行（documentation agent）等成员。下文将具体进行介绍。

1. 主办行

主办行又称为安排行、牵头行或者牵头主办行，是资金供需双方最主要的中介者，负责贷款的签约及宣传等各项事宜。主办行由借款人委任，哪个银行能担任主办行一般由其声誉、能力、信用及其与借款人往来关系等因素决定。

银团贷款协议中没有专门条款约定主办行的职责。实务中主办行的职责包括：分析借款人的信用与财务状况，评估贷款项目的可行性及决定组建银团的可能性，拟定银团贷款主要授信条件，编写银团贷款信息备忘录，确定贷款额度承销策略及筹组银团，聘请律师草拟银团贷款文件，安排签约仪式及公开宣传等。

主办行通常都会向借款人收取安排费，作为牵头筹组银团的报酬。主办行往往不希望其他参贷行知道具体的安排费，所以安排费由主办行和借款人单独签署费用函来约定，而不会在贷款协议中提及。

同时，在实践中，主办行推动银团贷款时多会在贷款协议中加入保护条款，向参贷行表示参贷行不能依赖主办行的行为进行判断。银团贷款协议中还有一个专门针对主办行角色的条款。这一条款通常约定：除在融资文件中特别约定外，安排行无须就融资文件项下或就融资文件对任何其他协议方承担任何责任。

至于主办行对参贷行承担哪些义务，法律上并不明确，但参贷行有可能会主张主办行有默示的尽职义务。此条款的主要目的就是要排除这些可能被主张的默示义务，限制主办行的责任，保护主办行利益。

另外，依主办行主办银团贷款时所承担的分销（distribution）任务来分类，可分为以下三种募集方式：

第一，包销。包销（fully underwriting）又称全部承销，指主办行负责筹足全部贷款金额，若未来贷款分销情况不如预期，无法筹足全部金额时，即由主办行自行承贷筹募不足部分。

第二，尽力代销。尽力代销（best effort underwriting）是指主办行承诺尽最大的努力邀请参贷行参与银团，但是如果无法筹足全部贷款时，主办行不负认贷差额的责任。

第三，部分承销。部分承销（partly underwriting）是指主办行承诺在一定金额内，负全部认购的责任，但超过部分，只尽最大努力去邀请其他参贷行。

2. 代理行

代理行也称为贷款代理行或者管理行。由于主办行的工作职责在贷款协议签署后就已经结束，代理行后续将成为借贷双方间的"桥梁"，负责银团资金的收拨及其他后续相关事宜。实践中代理行多由主办行担任。

代理行在银团贷款中起重要的桥梁作用，因此银团贷款协议中有较多条款约定代理行的角色，包括代理行的任命、代理行的职责、代理行的权利、贷款人对代理行的补偿、代理行的更换等。银团贷款协议中有专门条款规定代理行的任命。这个条款通常约定，各融资方委任代理行作为其融资文件项下及有关事务的代理；并授权代理行行使融资文件项下及有关的权利、授权、酌情权等。代理行是银团成员的代理人，而不是借款人的代理人，所以代理行将基于贷款人的指示行事。

银团贷款协议中很多条款都约定了代理行负责的事务，除此之外，银团贷款协议中往往另外有一个专门条款约定代理行的职责。这个条款主要明确以下事项：第一，代理行应将任何协议方向代理行提交的给予另一协议方的任何文件的原件或副本转交给该另一协议方，如代理行收到由任何协议方发出提及本协议、说明某违约情况及表示某情况为违约的通知，代理行须尽快通知各融资方；第二，代理行并无责任审阅或检查代理行向另一协议方转交的任何文件的充足性、准确性或完整性，除非融资文件中另有特别规定；第三，如代理行发现任何人未支付贷款协议规定应支付予任一融资方（不包括代理行或安排行）的任何本金、利息或费用，代理行应尽快通知其他融资方；第四，代理行在融资文件项下的责任仅属行政性质，除在融资文件中明文规定的以外，代理行概无其他责任。

代理行职责条款表明代理行是借款人和贷款人之间的一个媒介，其职责是事务性的。代理行不愿意承担风险，因为其收取的代理费通常是很低的。银团贷款人也不愿意将贷款事务涉及的一些决策权交给代理行，也希望限制代理行的职权范围。纵观银团贷款协议，代理行事务性工作包括如下七个方面：第一，依据银团贷款协议约定的提款先决条件审核借款人的提款应具备文件及要件；第二，作为贷款人和借款人之间的纽带，将参贷行承诺发放的贷款转拨给借款人；第三，根据贷款协议规定确定利率，计算利息；第四，借款存续期间的收息、还本或其他手续费收付款项等有关参贷行的通知及统筹转拨手续；第五，实施有限的监管义务，监督借款人确实依据银团贷款协议规定履行各项承诺及义务，如财务报表、保险等；第六，处理违约事件，采取必要保全措施甚至发起诉讼；第七，召开及主持贷款存续期间银团会议。

代理行的权利条款主要规定代理行享有哪些权利。其目的是排除代理行可能承担的相关责任。除了收取代理费之外，代理行享有的其他权利还包括：第一，依赖其相信为真实、正确及已获适当授权的任何陈述、通知或文件且并无责任核实任何文件上的任何签署；声称由任何人士的董事、授权签署人或雇员就任何可合理假设属其知识范围之内或在其能力范围内可予证明的事项所作出的陈述；第二，聘请任何律师、会计师、测量师或其他专家，向其付款并依赖其意见或服务；第三，通过其员工或代理人办理有关融资文件的事务；第四，向其他协议方披露其合理认为在贷款协议项下以代理人身份收达的任何信息。

由于银团贷款的代理行可能发生变更，为了便于管理贷款，银团贷款协议中有专门的条款规定代理行的辞职与新代理行的任命机制。代理行辞职和新代理行任命的流程一般如下：

首先，代理行可在向其他融资方及借款人发出通知后辞职。此情况下，多数贷款人（在与借款人协商后）可委派继任代理行。多数贷款人也可在与借款人协商后向代理行发出书面通知，要求代理行辞职。

其次，如多数贷款人在接获辞职通知后在规定的时间（通常为30日）内未能委任继任代理行，代理行可与借款人协商后委派继任代理行。

最后，退任代理行应向继任代理行提供继任代理行为履行融资文件规定的代理职责合理要求的文件和记录及提供有关协助。

代理行辞职通知在继任代理行获委任后方能生效。在委任继任代理行后，退任代理行再无责任承担融资文件的任何进一步责任。

除了代理行的任命和变更流程外，银团贷款协议还规定了一些对代理行的保护条款。由于代理行收取的代理费通常是很低的，所以代理行都要求有如下这些条款对其进行保护。

第一，代理行责任豁免。代理行责任豁免条款是在其他条款之外进一步限制代理行责任的条款。首先，除因代理行的重大疏忽或蓄意不当行为所致外，代理行不会就其按任何融资文件或有关情况作为或不作为而承担责任。其次，任何协议方（代理行除外）不得就其对代理行的任何申索或就代理行的任何主管人员、雇员或代理人在任何融资文件项下任何形式的作为或不作为而对代理行的该主管人员、雇员或代理人提出任何程序；代理行的任何主管人员、雇员或代理人可依赖本条行事。这个条款是为了避免对代理行的雇员提起诉讼。最后，如代理行已采取所有必要措施履行了代理行义务，则代理行无需为有关的任何延误（或任何有关后果）负责。

第二，贷款人对代理行的补偿责任。由于代理行是全体贷款人的代理行，代理行由于履行代理人的职责而遭受的所有损失，贷款人应向其提供补偿，除非代理行已获借款人按融资文件进行的偿付。因此，银团贷款协议中会有一个责任补偿条款。各贷款人按其在总承贷额中所占份额承担补偿责任，如当时总承贷额为零，则按照紧接降至零前其在总承贷额中所占份额承担补偿责任。补偿范围限于代理行因按融资文件担任代理行而承担的任何费用、损失或责任，代理行有重大疏忽或蓄意不当行为者除外。

第三，信息保密。银团贷款协议中还常出现关于代理行的信息保密条款。一般规定，代理行通过其内部部门行事，如其收到任何信息，而该信息被视为该部门的保密信息，则视为代理行从未知悉有关信息。此条款的目的是排除由于代理行内部防火墙的要求而造成代理行无法及时披露相关信息而可能产生的责任。根据贷款协议，如果代理行获悉借款人违约的情况，应当立即通知全体贷款人。但是，如果代理行内部其他部门通过其他交易得知借款人潜在违约情况，而由于防火墙的要求这些信息不会在代理行内部各部门共享，则履行代理行职责的部门无法得知这些信息，也就无法通知贷款人。

第四，与贷款人的关系。本条款主要规定每一贷款人均有权根据贷款协议收取款项并通过其主办分行行事，代理行有权信赖这一点，除非代理行提前收到变更通知。只要代理行按照贷款协议约定的分行和账户进行支付，则代理行无须承担责任。

第五，代理行应支付的款项的扣减。如任何一方根据融资文件欠付代理行任何款项，则代理行在向该方发出通知后，可根据融资文件从原应向该方支付的任何款项中扣除相应款项用作清偿该款。在进行扣减后，该方视为已从代理行收到扣除的款项。这个条款的目的是授予代理行一定的抵销权，从而使代理行有动力去履行其作为代理行的义务。值得注意的是，该抵销权仅限于债权债务都发生在融资文件项下。

3. 参贷行

参贷行是参与银团贷款的贷款人。参贷行依照银团贷款协议的约定，按参贷比例履行拨款或其他应尽义务。一般参贷行多半希望借由参与银团贷款来增加与某些客户往来的机会，提高知名度，获取相关专业知识及经验，同时使其授信对象多元化。每一位参贷行同时也是一位贷款人，也是一位融资方。

4. 融资方

融资方（finance party）是签署银团贷款协议的当事方中除借款人（以及保证人，如果保证人也是签约方）一方外的所有其他银行当事方，包括主办行、代理行、所有贷款人以及其他银行机构。融资方是银团贷款协议中一个重要概念。协议中涉及借款人权利义务的相对方时，一般都使用融资方。

5. 其他方

因银团贷款架构的复杂程度不同，银团贷款交易中有时还需要有账户行（account bank）、保险机构（insurance）及担保代理行等其他当事方。账户行负责开立和监管借款人的账户。账户行一般由代理行担任，但也可能由其他银行担任。担保代理行代表全体贷款人的利益持有担保权益。担保代理行通常由代理行担任。如果由不同的银行担任，则贷款协议中有必要区分担保代理行和贷款代理行，二者都被称为代理行，有关代理行的责任条款都可以适用。

（三）主办行和代理行的责任限制

在银团贷款交易中，主办行和代理行非常注意保护自己，限制自己的责任。因此，在银团贷款协议中会加入一些特别的条款来限制主办行和代理行的责任。除了那些单独针对于代理行的条款外，同时适用于主办行和代理行的责任限制条款有无信赖义务、文本制作责任和信贷评审三个主要条款。

1. 无信赖义务

代理行或主办行行使权利或进行自主决定，可能会涉及信赖义务（fiduciary duties）。信赖义务是普通法的概念，出现在很多不同法律领域，不同情况下表现形式不同。信赖义务并没有一个法定的具体标准，司法实践倾向于使用信赖义务为易受伤害的一方遭受的损失提供救济。在银团贷款交易中，各融资方都是专业的金融机构，都有自己的专业判断。因此，主办行和代理行对融资方承担信赖义务是不合理的。所以，贷款协议会有专门的条款，排除代理行或主办行作为任何其他人士的受托人所可能产生的任何信赖义务。

2. 文本制作责任

本条款主要是排除主办行和代理行对其他融资方承担任何文本方面的法律风险，具体包括：

第一，主办行或代理行均不就代理行、安排行、债务人或任何其他人士在任何融资文件或资料备忘录（或就该等文件）中提供的任何信息（口头或书面）的充足性、准确性及完整性承担任何责任。

第二，对于因任何融资文件而订立、制订或签署的或与之相关的任何其他协议、安排或文件的合法性、有效性、充足性和可执行性，代理行不承担任何责任。

第三，对于已经或者即将向融资方提供的任何信息是否属于非公开信息，是否有相关法律或监管规定限制其使用，主办行或代理行不作这方面的判断。

由于各融资方都是专业金融机构，有足够的能力去判断文件资料的真实性和交易的合法有效性，因此各融资方不能依赖代理行或主办行。上述第三点主要针对二级市场交易，可能含有价格敏感信息，所以要排除主办行和代理行作判断的责任。

3. 信贷评审

信贷评审条款要求每一贷款人向代理行及安排行确认，该贷款人已经并将会继续单独负责对任何融资文件项下及有关的所有风险的独立评估和调查，包括但不限于如下四个方面。第一，借款集团各成员的财务状况、地位及性质；第二，任何融资文件，基于任何融资文件或与之相关的文件而订立、制订或签署的其他协议、安排或文件的合法性、有效性、充足性和可执行性；第三，该贷款人是否可根据任何融资文件或与之相关的文件而签署的任何其他协议、安排或文件，对任何一方及其财产拥有追索权及该追索权的性质和范围；第四，融资相关文件的充足性、准确性和完整性。通过各贷款人明确声明其没有依赖代理行和主办行对借款人的信贷评审，而是独立进行了信贷评审，从而限制主办行或代理行可能承担的潜在责任。

（四）贷款人及各贷款人之间的关系

1. 贷款人自身事务处理

本条款主要规定各贷款人有权独立安排自身的事务，尤其是涉及税务方面，具体而言主要包括：第一，贷款人可以以其认为适当的任何方式处理其事务（税务或其他事务）；第二，贷款人没有义务调查或申索任何抵扣、减免、退款、还款或任何申索的范围、状况和形式；第三，贷款人没有义务披露与其任何事务（税务或其他事务）或任何税务计算有关的任何资料。

2. 贷款人之间的款项分配

在实务中，有可能某一个贷款人并非根据贷款协议规定的付款机制单独从借款人或其他债务人那里获得利益，如借款人发生破产时贷款人基于破产法行使抵销权，将贷款人欠付借款人的款项与贷款人因此根据银团贷款从借款人那里收取的款项相抵销。根据银团民主的原则，这一抵销款项应当在各贷款人之间按承贷比例进行分配。为了保证各贷款人能按比例平等分享，银团贷款协议中有必要设置专门的条款，规定这一款项的分配，主要内容包括以下五个部分。

第一，给某融资方的付款。当某一融资方（收款融资方）从债务人处收到用来支付根据融资文件所欠的款项时，该收款融资方需要在约定时间内（通常为三个营业日）将收到的款项的详情通知代理行。代理行决定收到的款项是否超过收款融资方根据银团贷款协议应获得的款项（在不计算代理行就收到的款项会被征收的税项的情况下）。如果不足，则收款融资方无需向代理行支付。如果超过，收款融资方须在代理行发出要求后在约定的时间内（通常为三个营业日）向代理行支付收到或讨回的款项减去代理行认为收款融资方可保留份额后的款项（待分配款项）。

第二，款项再分配。代理行收到待分配款项后，这笔款项将视作由有关债务人支付，并按照各贷款人的承贷比例分配给各贷款人，收款融资方除外。

第三，收款融资方的权利。各贷款人按比例收到待分配款项时，债务人就该款项的义务才视为已履行。在待分配款项分配给各贷款人之前，债务人就该等款项的支付义务应视为尚未履行。对于收款融资方而言，尽管其已经从债务人处收到款项，但是债务人对收款融资方的支付义务并不能视为已经履行。在这期间，收款融资方仍有权向债务人主张支付义务。银团贷款协议中会有这样的条款，明确收款融资方这方面的权利。

第四，分配款项的返还。如果收款融资方收到某款项的任何部分应由收款融资方偿还，那么已经获得分配该款项的各融资方须在代理行提出要求后，向代理行返还该款项；并且收款融资方有关任何偿还款的代位权会被取消，有关债务人应当向偿付的融资方支付按此偿付的款项。

第五，除外情况。上述提到的贷款分配方式有一些例外，主要包括以下两方面：一是如果收款融资方根据本条支付任何款项后并不能对有关债务人享有有效及可执行的申索，那么上述分配不适用，也就是说收款融资方无须向其他融资方支付款项；二是如果收款融资方已向其他融资方发出有关法律或仲裁程序的通知，并且另一融资方有机会参与该等法律或仲裁程序，但在获通知后并未合理地、切实可行地参与，也并未采取另外的法律或仲裁程序，那么收款融资方并非必须与任何其他融资方分享其因采取法律或仲裁程序而收回或讨回的款项。

3. 违约贷款人

违约贷款人条款并不是银团贷款协议中的必备条款，但是有经验的借款人会要求加入这一条款。所谓违约贷款人，是指未能按照融资文件的约定提供贷款资金的贷款人，如其发生了破产事件，或者通过书面通知的方式告知代理行其将不打算提供贷款资金。

如果是由于技术或者管理上的原因导致贷款人未能按时发放贷款，则不应视为贷款人违约，但应在约定的时间内补救。此外，如果某贷款人有合理的理由不发放贷款，则其也不应被视为贷款人违约。

出现贷款人违约时，其他贷款人并没有义务代替其履行放款义务，但这会赋予借款人相应的权利，这些权利包括：第一，借款人有权取消违约贷款人的承贷额，并且立即生效。该额度可以由借款人选择的新贷款人或其他贷款人中的一个承继，该承继可以立即发生也可以在较晚的时候发生；第二，借款人可以不向违约贷款人支付承诺费；第三，借款人有权要求违约贷款人将其承贷额转让给新的贷款人；第四，借款人可以取消违约借款人未提用的违约贷款人的承诺授信额度；第五，违约贷款人在其被取消的承贷额度范围内被剥夺相应的权利；第六，强行要求违约贷款人将其在相关授信额度中的参与部分按其账面金额转让给一个新贷款人；第七，如果违约贷款人是代理行，则其将成为一个"瑕疵代理行"，从而触发"瑕疵代理行"的相关规定。

违约贷款人在得知其成为违约贷款人时并没有通知借款人的义务，而且代理行在得知某个贷款人成为违约贷款人时也没有通知借款人的义务。但是，代理行可以披露违约贷款人的身份。

贷款协议通常还可以确立一个机制，即借款人可以要求另一贷款人（包括新贷款人）承继某一违约贷款人的可提用承贷额

(同时取消违约贷款人的相应额度)。该"新增"的贷款人通常要求签署一份"增加承贷额确认函"。不过,借款人也可能因此需要向代理行或新增贷款人支付相应的费用。

二、条款 11 补偿

(一) 货币补偿

货币补偿条款要求借款人对贷款人遭受的货币兑换损失作出赔偿。常见的条款为"如借款人根据融资文件应偿还任何款项("有关款项"),或根据就有关款项所颁布的命令、判决或裁决而应付还的款项,需将应付该笔款项的一种货币("第一货币")兑换至另一种货币("第二货币"),由此产生的贷款人货币兑换损失应由借款人作出赔偿"。

作为借款人的独立责任,借款人须在要求发出起 3 个营业日内就任何由于兑换的原因,包括由于该有关款项从第一货币兑换为第二货币的兑换率与该借款人在收达该有关款项时适用的兑换率之间的任何差异而导致的任何费用、损失或责任,向贷款人作出赔偿。

贷款通常应按照其发放的币种偿还本金和支付利息。在货币管制情况下,借款人可能无法获得足够用于偿还贷款的相关货币,而须以另一种货币支付。更有可能发生的是,在借款人发生违约时,贷款人通过担保或扣押借款人的资产来偿还贷款,但是担保品和资产变现后的货币可能与贷款的币种不一致。此外,部分司法辖区的法院也可能在判决时要求或允许借款人以另一种货币（通常是该法院所在国家的法定货币）偿付。这样一来，如果贷款人无法在第一时间将该收到的币种转换为贷款货币，可能面临汇率变化所带来的损失。因此，贷款人往往要求在贷款协议中增加货币补偿条款，说明借款人仅在以贷款币种支付本金和利息后方可解除债务，并应补偿贷款人因汇率变化所导致的损失。

（二）其他补偿

其他补偿条款规定借款人对于贷款人及其各自相关方（包括其各自的员工、董事、高管、关联方、代理人、顾问和代表）因贷款交易而发生的环境责任、诉讼风险提供补偿的责任。补偿范围既包括被补偿方抗辩法律诉讼所发生的费用，也包括诉讼失败后所需承担的责任。一般而言，借款人应当补偿被补偿方的全部责任，除非后者有重大过失、故意不当行为或恶意违反贷款协议等情形。贷款人在贷款违约事件发生后，因取得借款人财产可能招致环境责任，因此在补偿义务中通常会具体列明环境责任。

一些贷款协议没有将补偿方违反贷款协议列为补偿义务的例外情形（而是将例外情形仅限于重大过失和故意不当行为）。如果将其包括在内，那么应当明确该违约是"恶意"违约。这是因为，如果贷款人相信发生了违约或一些提款先决条件没有满足而拒绝放款，借款人可能起诉贷款人违约。为避免在这种情况下借款人逃避补偿义务，通常使用"恶意"违约作为除外情况，这样借款人就依然需要就诉讼费补偿贷款人，除非贷款人不予放款的决定是"恶意"作出的。

补偿义务的例外情形包括两类。一是关于法律费用。补偿条款通常包括与开支补偿条款相同的法律费用限额（如有）。二是关于贷款人之间的争议。银团贷款中，借款人可以考虑将任何贷款人之间或者贷款管理人与贷款人之间的纠纷排除在补偿义务之外（如果借款人或任何其他贷款交易方未被卷入该诉讼）。借款人可以主张其没有义务支付贷款人"内斗"所产生的法律费用。不过，这种例外是非常罕见的，贷款人可能只会对最有价值的借款人考虑同意该例外。

（三）贷款人减少损失义务

对于贷款交易发生的一些费用，如果贷款人可以在一定程度上降低该等费用，则贷款人需要承担相应的减少损失义务。这一义务在银团贷款协议中很常见。常见的减少损失（mitigate obligations）条款为贷款人须在与借款人协商后采取所有合理措施减少损失，包括（但不限于）将其贷款转让给另一关联公司或主办分行。

贷款人履行减少损失的义务有相应的限制，常见的限制为借款人须向贷款人赔偿其履行贷款协议而合理招致的所有费用及开支。如（合理地行事的）贷款人认为按照贷款协议采取的措施可能有损其权益，则贷款人并无责任采取有关措施。

三、条款 12 转让

（一）借款人转让

贷款协议一般都会禁止借款人转让其在贷款协议项下的权利

和义务。在集团授信的贷款交易中,银行会允许集团中指定的成员成为新的借款人。这种情况往往是因为贷款的发放是基于整个集团的信用,集团公司对集团成员的借款承担连带责任。

(二)贷款人转让

贷款人往往要求在贷款协议中约定其有权转让贷款协议项下的权利和义务。常见的条款为"贷款人可以无须经债务人或其他借款集团成员事先同意而在任何时间将其在任何融资文件下的全部或部分权利和义务让与或转让给其他任何人或变更其贷款分行"。贷款人可通过贷款人或贷款人的任何关联公司提供授信安排。在该等情况下,融资文件中所有提及贷款人的部分应理解为包括贷款人的该关联公司。

之所以要保留这一转让权利,是为了便于贷款人进行风险资产管理。由于资本充足率要求以及其他监管要求,银行有可能需要一些贷款进行转让,以符合监管要求。贷款协议中事先约定好的转让条款将使贷款人的转让更为便捷,避免了转让时对借款人的通知或者取得借款人同意的程序。

(三)贷款转让的方式

国际信贷市场上主要有三种贷款转让方式,即贷款转让、约务更替和融资参与。

1. 贷款转让

贷款转让(assignment)是指对一项权利的转让,而不包括义务的转让。在英国法下,让与分为法定让与和衡平法上的让与。法定让与是指根据其成文法(英国1925年《财产法》)的规定进行的让与。法定让与必须符合以下条件：第一，让与必须由让与人采用书面方式作出；第二，让与必须是决定的转让，而不是担保让与；第三，让与必须针对整个贷款，而不是部分让与；第四，让与通知必须采用书面方式告知借款人以及其他债务人。

如果符合上述各项条件，则贷款人在贷款协议项下的所有权利和义务都将转让给被让与人，债务人应当向被让与人履行债务。如果上述各项条件中有任何一项没有满足，则该让与属于衡平法上的让与。对于衡平法上的让与，债务人如果没有接到通知，其将继续向原贷款人履行债务。如果一笔贷款同时进行多次转让，则法定被让与人的权利优先于衡平法上被让与人的权利；同时有多个衡平法上被让与人，则其权利根据借款人收到的通知的先后顺序决定。

2. 约务更替

约务更替（novation）是指通过签署新的合同，由新的当事人取代旧的当事人。因此，通过更新，贷款合同项下的权利和义务可以同时转让给新的贷款人。采用更新的方式进行贷款转让，需要获得融资文件所有当事方的同意，所以程序上相对比较复杂。此外，通过更新后，法院可能会认为借款人获得了一笔新的贷款，这在一定程度上会影响到新贷款人的利益，例如，如果借款人或担保人在更新期间发生破产，则贷款人的权利将需要受到破产程序的约束。

3. 融资参与

融资参与（participation）是贷款人将其在某一贷款协议下的

风险全部或部分转让给另一金融机构的一个常见方法。原贷款人和新贷款人之间签署一份融资参与协议。借款人与原贷款人之间的借贷关系保持不变，新贷款人与借款人之间没有直接的法律关系。融资参与分为出资参与和非出资参与。

第三章 矿业国际银团贷款实务

第三章 矿业国际银团贷款实务

如第二章所讲,要做好矿山国际银团贷款工作,银行从业人员就要扎实做好以下两项重要的基础工作。一是对业务所在区域适用的银团贷款协议有全面深入的了解,从而与借款人进行有效的谈判,并在律师的帮助下起草银团贷款文件。二是对矿业借款人及相关矿山项目进行系统评估,有效地识别贷款风险,做好风险防范,确保银团贷款交易顺利完成,借款人按时顺利还本付息。本章着重探讨银行从业人员如何系统地评估矿业借款人及相关矿山项目,从而有效地识别贷款风险,并做好风险防范工作。

第一节 矿产资源概述

一、矿产资源的定义及特点

矿产资源是指经过地质成矿作用而形成的,天然赋存于地壳内部或地表,埋藏于地下或露出地表,呈固态、液态或气态,并具有开发利用价值的矿物或有用元素的集合体。《中华人民共和国矿产资源法实施细则》第二条规定,所谓矿产资源是指由地质作用形成的,具有利用价值的,呈固态、液态、气态的自然资源。

地壳中包含着许多的矿物,只有岩层中有用矿物的含量达到开采经济价值时才称为矿石。矿石中按其有用矿物含量,可以作为开采储量的最低限度的称为边界品位。矿石储量是指矿床中,金属含量在边界品位以上的总矿量。

矿产资源是自然资源中一个重要组成部分,是人类社会赖以生存与发展的重要物质基础。矿产资源是一个社会取得繁荣,一个国家得以富强的重要因素。矿产资源的丰富程度及其开发利用能力也反映了一个国家的实力。现代社会人们的日常生产和生活都离不开矿产资源。

矿产资源作为自然资源的一部分,具有不同于其他自然资源的特点,归纳如下:

第一,矿产资源的采后不可再生性。一旦被开采,绝大多数矿产资源不可能再自然生长出来,因此我们必须合理利用,以发挥其最大经济效益。

第二,矿产资源的综合性。矿产资源大都不是单一的组分,而通常是多种组分共生或伴生的复合体。在许多复合矿石中,共生或伴生组分常具有重要的经济价值,矿产资源赋存的特点,决定了在开发矿产资源中要综合开发,充分利用。

第三,矿产资源分布的不均匀性。地质条件及其构造的变化决定了世界各地矿产资源贫富不均,盈缺不齐。世界上任何国家或地区,从矿产资源的整体来看,都有它的短缺和不足,即使是同一矿体,其矿石的品位分布也是不均匀的。

第四,矿产资源具有隐蔽性及成分复杂多变性。这一特点决定了在对矿产资源的勘探、评价、开发使用过程中必然伴随着不断地探索研究,并有不同程度的风险。

二、中国的矿产资源

中国幅员辽阔,地质条件多样,矿产资源种类丰富,有矿产171种,已探明储量的有157种。其中钨、锑、稀土、钼、钒和钛等的探明储量居世界首位。煤、铁、铅、锌、铜、银、汞、锡、镍、磷灰石、石棉等的储量均居世界前列。

中国矿产资源分布的主要特点是:

第一,矿种齐全。目前,我国已发现171种矿产,已探明储量的有157种。我国是世界上矿产品种齐全、配套程度较高的少数几个国家之一。

第二,资源总量大,但人均占有量低,是一个资源相对贫乏的国家。中国对铜和铝土矿的需求很大,但中国对铜和铝土矿的保有储量占世界总量的比例却很低,因此,铜和铝土矿属于我国急缺矿产,对外依存度相对较大。同样,中国有色矿产资源总量尽管很大,但由于人口众多,人均占有资源量很低。

第三,贫矿较多,富矿稀少,开发利用难度大。如铜矿,我国平均地质品位只有0.87%,远远低于智利、赞比亚等世界主要产铜国。铝土矿虽有高铝、高硅、低铁的特点,但几乎全部属于难选冶的一水硬铝土矿,可经济开采的、铝硅比大于7%的矿石仅占总量的三分之一,这些特点决定了中国矿山建设的投资和生产经营成本必然增大。

第四，共生、伴生矿床多，单一矿床少。中国80%左右的有色矿床中都有共伴生元素，其中尤以铝、铜、铅、锌矿产为多。由于矿石组分复杂，势必造成选冶难度加大，影响建设投资和生产经营。

第五，分布范围广，地域分布不均衡。中国矿产资源分布范围很广，各省、自治区、市均有产出，但区域间不均衡。从全国主要矿产资源量的六大区域分布看，主要矿物、能源、煤炭和石油资源大部分在北方；化工矿产的硫和磷矿资源大部分集中于南方诸省；黑色冶金矿产资源大部分蕴藏于东北地区，而有色金属则多集中于南部。

受国内资源储量不足、禀赋不佳影响，我国金属矿产产量远不能满足国内需要，被迫大量进口，对外依存度很高。我国的能源矿产煤、石油、天然气也面临同样的问题。2021年，中国粗钢产量10.65亿吨，占全球的56.7%，但2021年我国进口作为钢铁产业初级原料的铁矿石11.24亿吨，进口量占国内需求量的75%；2021年我国电解铝产量3850万吨，占全球产量56.6%，铝土矿贸易量约1.45亿吨，我国进口量占74%；2021年我国精炼铜产量1049万吨，占全球产量的44%，全球铜矿（金属含量）贸易量约930万吨，我国进口量占56%。此外，2021年我国还进口铜废碎料169万吨，粗铜94万吨，精炼铜363万吨。

我国目前是全球最大制造业国家，也是全球金属矿产进口第一大国。金属矿产资源的供应安全至关重要。随着改革开放的推进和"一带一路"倡议的实施，我国对全球金属矿产供给侧的掌控能力正在得到较大提升，一些企业大胆"走出去"，在境外建设了一批资源保障基地，成为推动世界矿产生产的重要力量。银行作为企业资金重要来源之一也在其中发挥了关键性的作用。

三、矿产资源的分类

根据矿产资源用途不同，矿产资源可划分为金属矿产、非金属矿产、能源矿产、地下水资源四大类，并细分为如下十小类（我国矿产能源统计中使用的分类）：第一，能源矿产，包括煤、石油、油页岩、天然气、铀等；第二，黑色金属矿产，包括铁、锰、铬等；第三，有色金属矿产，包括铜、锌、铝、铅、镍、钨、铋、钼等；第四，稀有金属矿产，包括铌、钽等；第五，贵金属矿产，包括金、银、铂等；第六，冶金辅助用料，包括溶剂用石灰岩、白云岩、硅石等；第七，化工原料，包括硫铁矿、自然硫、磷、钾盐等；第八，特种类，包括压电水晶、冰洲石、金刚石、光学萤石等；第九，建材及其他类，包括饰面用花岗岩、建筑用花岗岩、建筑石料用石灰岩、砖瓦用页岩、水泥配料用黏土等；第十，水气矿产类，包括地下水、地下热水等。

四、矿床类型

地壳中由地质作用形成的可被国民经济利用的自然资源叫矿产。矿产的产地即矿床，其主体是含有用组分的质和量在当前经济技术条件下可开采利用的地质体。根据成矿作用,矿床又可划分为内生矿床、外生矿床、变质矿床和叠生矿床四大类。

第一,内生矿床。内生矿床主要是指在岩浆活动过程中,有用组分迁移,富集而成的矿床。根据岩浆的发展顺序和冷凝成矿过程,内生矿床又分为岩浆矿床、伟晶岩矿床、汽化热液矿床和火山矿床。

第二,外生矿床。在外力作用下,地表及其附近的岩石或矿床中的有用组分以及生物残体等迁移富集所形成的矿床称作外生矿床,可分为风化矿床和沉积矿床两种类型。

第三,变质矿床。由于变质作用使成矿组分迁移富集而成的矿床,或已经生成又经变质作用改造过的矿床统称为变质矿床。通常分为受变质矿床和变成矿床两类。

第四,叠生矿床。叠生矿床是指由先期地质作用形成的矿床或矿体,又叠加了后期发生的成矿作用而形成的具有双重(或多重)成因的矿床。由于先成的矿床在遭受后期的岩浆、热液作用时,在物质成分、结构和构造、矿体形态等方面发生改变,因此叠生矿床又可称为叠加改造矿床。

五、矿业生产经营和投资环境特点

矿业是指勘查、开采和加工利用矿产资源的产业。矿业企业是指以矿产开采加工和经营为主的企业。按照开采对象的不同,一般分为石油和天然气开采业、煤炭开采业、金属矿开采业和其他矿开采业四大类。目前随着电动车行业的迅猛发展，电池金属（battery metals）矿开采业作为一类新兴矿业资源行业已出现并迅速发展，电池金属包括电池生产用锂、钴、镍、石墨、锰、铜和铝等。根据中国地质调查局全球矿产资源战略研究中心发布的《全球锂、钴、镍、锡、钾盐矿产资源储量评估报告（2021）》，截至2020年，全球锂矿（碳酸锂）储量1.28亿吨，资源量3.49亿吨，主要分布在智利、澳大利亚、阿根廷、玻利维亚等国。钴矿储量668万吨，资源量2344万吨，刚果（金）、印度尼西亚、澳大利亚等国最为富集。镍矿储量9063万吨，资源量2.6亿吨，印度尼西亚位居全球储量第一，澳大利亚、俄罗斯等国资源丰富。

（一）矿业生产特点

矿业作为一个产业，其全部生产过程大致分为四个阶段，即矿产普查勘探阶段、可行性研究阶段、矿山设计施工阶段及矿业生产经营阶段。具体业务分为勘探（exploration）、确认（definition）、可研（feasibility study）、开拓（development）、采矿（extraction）、选矿（processing）、精炼（refining）等。矿业生产与其他行业相比较有其特殊性，主要有以下十点。

第一，投资时间较长，见效速度很慢。矿业的开发建设周期包括矿产勘查、可研、设计施工、投产，一般耗时较长。

第二，不确定性较多，风险较大。在找矿和勘查过程中，存在着多种风险。能否在规定范围内找到矿床？找到的矿床是否具有工业开发利用价值？之后能否投入开发以及何时开发？在矿业开采与加工阶段，仍存在较大风险。作为矿山设计依据的工业储量是否准确？任何预测值的负向变化，都会对生产成本、产品产量和质量造成负面影响，从而使实际收益低于预期收益。在矿业生产阶段，还存在着市场变化带来的风险和政府矿业政策变化带来的风险。

第三，矿址相对固定，不能自由选择。矿山建设的地点由矿产所在位置决定，不能像一般工厂那样可以选址。有的在山区，为了矿山生产，常常要配套建设相应的设施，工程量大，投资多，建设周期长，对投资效益有影响，而且常常面临矿山所在国的政治风险。

第四，产品由矿床决定，不能任意改变。矿业生产所得到的产品种类，是由矿石中的有用成分所决定的。一般来说，矿业企业的产品单一，而且从投产到闭矿不会发生大的变化，不存在产品升级换代或产品结构调整问题。

第五，规模受限储量，不能任意确定。矿山生产规模是矿业生产中的一项重要参数。它不仅对开采工艺和设备选择有影响，而且还涉及基建投资的大小和生产成本的高低。在确定矿山生产规模时，必须考虑矿山的储量规模，储量大的矿床是建设大型矿山的基础。一般来说，在一定储量规模基础上，有一个合理的矿山生产规模区间。

第六，资源影响效益，差别非常巨大。矿产资源丰度包括自然丰度与社会丰度。自然丰度如矿石品位、矿石性质、矿床赋存要素等。社会丰度如矿产地的区位条件、交通运输、供水、供电条件和矿产地经济发展水平等。这些因素对矿产资源开发的经济效益产生重大影响。由于资源丰度不同，等量的投入将得到不等量的产出。开采优等资源的企业，其单位产品的成本远远低于开采劣等资源的企业，相应的投资回报也高。

第七，采矿生产能力随时变化，需要及时补偿。固体矿产开采中的采矿生产能力是由设计好的生产矿量保证的。随着矿块和阶段的采完，由这些储量所体现的采矿生产能力随即消失。因此，为了保证采矿生产按设计规模持续进行，必须有计划地超前进行生产探矿、开拓和采准工作以补偿消失的生产能力，建立按新水平正常生产所必需的各种系统。这样就要求不断投入资金。这部分维持采矿再生产的资金叫作维护性资本支出（sustainable capex）。采矿生产中这种特有的规律，使生产过程复杂化，并增加了生产成本。

第八，开采条件逐渐恶化，成本自然递增。对矿床的开采，一般是由浅而深，由富而贫，由易而难。随着开采深度逐渐增加，运输线路逐渐延长，矿石品位逐渐下降，开采条件逐渐复杂，这样就形成了矿业生产成本自然递增的特性。

第九，作业场所移动，安全生产重要。固体矿产的开采，不论是采用露天开采还是地下开采，作业场所都不是固定不变的，而是随着采矿或掘进的推进而不断移动。这一特点对采掘机械、开采工艺和生产管理等具有多方面影响。矿业生产中潜伏着诸如顶板冒落、瓦斯爆炸、矿井淹没等灾害性危险，因此，矿业安全生产至关重要。

第十，矿业资源逐渐耗减，生产由兴而衰。资源耗竭是矿业生产中的特有规律。矿业企业由于本身矿产资源的耗减将经历由兴盛到衰减而至闭矿的不同时期。在企业兴盛时期就应考虑"闭矿"问题。"闭矿"是矿业生产中一个特有的现象，而"复垦"是各国政府为保护本国环境而提出的正当要求，矿业企业必须提前考虑如何应对。

（二）矿业投资环境特点

矿业投资环境与其他工业投资环境相比，也有着显著的特点，主要包括：

第一，矿产供求关系的特点决定了矿产价格的波动性强。矿产在低价时，供给弹性大；而在高价时，供给弹性小。这是因为矿业的新增生产能力形成周期长。同时，矿产的需求弹性小，因为矿产的替代性差。而矿业作为基础产业，其产品的需求多为中间需求，受国民经济水平的影响较大。所以，当经济繁荣时，矿产需求量大，矿产价格高；而当经济萧条时，矿产需求量小，价格低。

第二，矿产资源为不可再生资源。矿产开发的经济效益，是在资源即矿体的不断消耗过程中实现的。矿业的税收政策也与其他行业不同。矿产资源的有限性，还意味着矿床勘探是矿业生产的重要组成部分，必须持续不断地进行。

第三，矿业是资本密集型产业，而且矿业投资期偏长，投资的经济效果受市场价格变动和通货膨胀水平的影响大。此外，矿业生产的对象即矿体的属性复杂多变，不确定性强。因此，矿业投资的市场与技术风险高，同时，矿业也是可以获得暴利的行业。

第四，矿产资源开发常常对生态环境等造成不同程度的污染或破坏，具有较强的外部影响，外部成本高，政府管制严。"闭矿"是矿业生产中特有的现象，要解决诸如残矿回收、矿井封闭等一系列技术、经济方面的问题，同时，"复垦"还会造成成本增加等财务负担。

第五，矿床勘探是矿床和地质信息不断完备的过程，是矿业生产中的经常性活动，其费用是矿产成本的主要组成部分。另外，矿业生产活动多在边远地区进行，工业基础设施条件差，因此矿业生产的成本费用，如交通、运输、通信、人员生活、购销等费用较高。

第六，金属矿产大多数可以废旧利用。矿产存在较大的二次利用市场。工业化程度越高，矿产废旧利用占矿产供给的比例越大。

第七，矿山人力资源管理至关重要。矿产资源开发是一个非常复杂、技术要求比较高的行业。如何雇用、维持合格的技术人员队伍以确保矿山生产的稳定是矿山管理的重要课题。人力成本高也是矿业的一大特点。

第二节　矿业融资方式简介

矿业是一个资本密集型行业，从勘查、可行性研究、矿山设计到建设基础设施、购买设备、建造选厂都需要不菲的资金投入。矿业又是一个高风险、高回报的行业。地质成矿极低的概率和数百年以来的勘查开发提高了找矿的难度，即便矿山投入生产了，仍面临矿山所处政治经济环境的不确定性和全球市场价格的波动。由于高风险、高投入，矿业投资者天然地追求高回报。矿业又是国家发展的基础，矿产资源安全是国家安全的重要组成部分。尤其是中国，矿产资源对外依赖度偏高，人均资源有限，海外投资是补充矿业短板的重要手段。国家层面应加大对战略性矿产资源企业"走出去"的支持力度。从银行角度来说，做好对"走出去"中资矿业企业的金融支持工作对于国家能源资源领域可持续发展、确保中国经济资源供应安全至关重要。

目前，常见的矿业企业融资方式大致有四种：公司自筹资金、股权融资、债务融资、另类融资。

一、公司自筹资金

公司自筹资金（corporate funding）来源主要分为：

第一，自有现金流（cash flow）。现金流是企业一定时期的现金和现金等价物的流入和流出的数量，现金包括库存现金和银行存款，而现金等价物是企业持有的期限短、流动性强、容易转换为已知金额现金、价值变动风险很小的投资。

第二，资产出售（asset sale）。资产出售是企业资产剥离的一种方式，顾名思义，通过出售资产获得所需的现金。

第三，公司分拆（spin-off or demerger）。公司分拆是资产剥离的另一方式，指一个母公司将其在子公司中所拥有的股份，按比例地分配给现有母公司的股东，从而在法律上和组织上将子公司的经营从母公司的经营中分离出去。

二、股权融资

股权融资（equity funding）是指企业的股东让出部分企业所有权，通过企业增资的方式引进新的股东的融资方式，总股本同时增加。股权融资所获得的资金，企业无须还本付息，但新股东将与老股东同样分享企业的盈利与增长。按融资的渠道来划分，主要有私募发售和公开市场发售两大类，下面将具体进行介绍。

第一，私募发售（private placement）。私募发售是指向小规模数量（例如35个以下）合格投资人（accredited investor）出售股票，可以免除证券监管机构，如美国证券交易委员会（SEC）的注册程序。合格投资人有一定的限制，例如SEC规定，必须有至少100万美元的净财产，至少20万美元的年收入，或者必须在交易中投入至少15万美元，并且这项投资在投资人的财产中所占比率不得超过20%。依照合格投资者的身份和目的，私募可分为以下四类（相互可能有交叉）：政府基金（government fund）、行业基金（sector fund）、战略投资（strategy investor）和财务投资（financial investor）。

私募在矿业有多种实现的形式，例如，在美洲和澳洲流行分阶段合资（joint venture farm-in/earn-in），投资者以分阶段的方式为矿业项目提供资金，典型的投资结点分为三个阶段，即完成勘探（或预可研）、完成可行性研究和开发建设，投资者获得的股份不断提高。

权证（warrant）是一种依附于标的股票的金融衍生产品，是以约定的价格和时间购买或者出售标的资产的期权，又称"认证股"或"认证股权"，以其音译在香港俗称"涡轮"。

第二，公开市场发售或上市（public listing）。与其他行业类似，通过公开市场发售的方式来进行融资是多数矿业公司梦寐以求的融资方式。企业上市一方面可以募集到巨额资金，另一方面资本市场将给企业一个市场化的定价，使企业的价值为市场所认可，为企业股东带来巨额财富。与私募相比，企业上市可面向普通投资者，募集资金的数量巨大，原股东的股权和控制权稀释得较少，有利于提高企业的知名度，也有利于利用资本市场进行后续的融资。但由于门槛较高，只有发展到一定阶段、有了较大规模和较好盈利的企业才有可能考虑这种方式。矿业公司投资风险大，开发周期长，创造现金流需要的时间往往很久，导致在勘查开发阶段，较低阶段的项目在很多国家难以上市；而诸如多伦多证券交易所（TSX、TSXV）、澳大利亚证券交易所（ASX）和伦敦证券交易所（LSE、AIM）则提供了较宽松的上市条件，为大量矿业项目和公司提供融资机会，成为全球矿业金融市场的"高地"。

公开市场发售分为首次公开募股（Initial Public Offering，简称 IPO）和二次发售（Follow-on Offering，简称 FO，或 Secondary Offering）。IPO 是指企业透过证券交易所首次公开向投资者增发股票，以募集用于企业发展的资金的过程。FO 是指公司主要个人或机构持股人对公众发售其限制性股票，也就是增发。

公司上市也可以采用反向收购，即借壳上市（reverse listing）的方式进行，非上市公司股东通过收购一家壳公司（上市公司）的股份控制该公司，再由该公司反向收购非上市公司的资产和业务，使之成为上市公司的子公司。

按照股票所享有的权利，分为优先股（preferred shares）和普通股（common shares）。在公司分配盈利时，拥有优先股票的股东比持有普通股票的股东优先分配，而且享受固定数额的股息；在公司解散、分配剩余财产时，优先股在普通股之前分配。

股票认购权发行（right issue）是指公司股东购买该公司新股份的优先权利，购买价格通常低于市场价格，股东按所持有股份比例额外增购新股。如果公司股东接受这一认购权发行，那么股东的所有权比例不会因为增股而被稀释。当然，股东可以放弃该权利，不认购新股，不过发行新股通常会稀释原股价。

三、债务融资

顾名思义，债务融资（debt funding）即通过借债获得一定时期资金的使用权。股权融资所得资金属于资本金，不需要还本付息，股东的收益来自于税后盈利的分配，也就是股利；而债务融资形成的是企业的负债，需要还本付息，其支付的利息进入财务费用，可以在税前扣除。提高债务融资比例能够降低企业自由现金流，提高资金使用效率，优化股权结构，也可以激励经营者努力工作。

按融资渠道，债务融资可分为：

第一，商业银行贷款（bank loan）。商业银行贷款是最常见的方式，银行出于资金安全考虑，贷款评估严格，往往需要一定的抵押物，因此对初级矿业公司而言比较困难。

第二，民间借贷（private loan）。民间借贷是最古老的借贷方式，手续灵活，操作方便，利息由双方协商确定，但风险较大，容易引发纠纷。

第三，发行债券融资（public debt/corporate bond）。债券融资与股票融资一样，同属于直接融资。在发行债券融资方式中，企业需要直接到市场上融资，其融资的效果与企业的资信程度密切相关。在各类债券中，政府债券的资信度通常最高，也最容易得到资金，大企业、大金融机构也具有较高的资信度，而刚刚创立的中小企业的资信度一般较差。

可转换公司债券（convertible bond）是一种被赋予了股票转换权的公司债券，也称可转换债券，发行公司事先规定债权人可以选择有利时机，按发行时规定的条件把其债券转换成发行公司的等值股票。可转换公司债是一种混合型的债券形式，当投资者不太清楚发行公司的发展潜力及前景时，可先投资于这种债券。待发行公司经营业绩显著，经营前景乐观，其股票市场看涨时，则可将债券转换为股票，以受益于公司的发展。可转换债券对于投资者来说，是多了一种投资选择机会。因此，即使可转换债券的收益比一般债券收益低些，但在投资机会选择的权衡中，这种债券仍然受到投资者的欢迎。

第四，政府借贷（government debt）。政府借贷常常通过进出口银行和行业发展银行的方式提供融资。

四、另类融资

另类融资（alternative funding）比较常见的有以下四种，分别为：

第一，特许权使用费（royalty）。矿区特许权使用费一般是指矿区土地本由甲拥有（可以是政府也可以是私人），然后甲将该土地经营权免费转给乙，然后当该项目生产时，乙要付甲早已商议好的矿区特许权使用费。一般矿区特许权使用费随着商品价格和产量的变更而改变。矿区特许权使用费又包括数种不同类型，主要有净冶炼回报（Net Smelter Return，简称 NSR，为最常见种类，一般是在特定时间里，该矿山项目生产的净收益扣除冶炼开支后的一个百分比）、炼厂毛回报（Gross Smelter Return，简称 GSR，从该项目生产的毛收益扣除小部分非冶炼开支后的一个百分比）、销售毛收入计提特许权使用费（Gross Proceeds

Royalty，简称GPR，基于矿山项目的产品销售收入制定的一个比例）和净盈利计提特许权使用费（Net Profits Interest，简称NPI，基于矿山项目的净盈利的一个百分比）。

第二，金属流（streaming）。金属流协议是指矿业公司和投资者之间签订协议，由投资者预付一笔资金，获得在未来以低于市价的固定价格购买矿业公司一定比例产量的权利。金属流是一项不要求还款、不设定最低交货责任的长期融资工具，资金成本一般较低，帮助矿业公司对其产品未来产量进行货币化，矿业公司获得开发新项目或扩产所需要的资金，而金属流企业获得稳定的资源供应，从而达到双赢的结果。

第三，贸易融资（trade financing）。贸易融资是银行对进口商或出口商提供的与进出口贸易结算相关的短期融资或信用便利，融资方通过信用证向销售方采购产品，获得提单后直接卖出获得资金，以弥补自身的现金流不足；或投资其他领域，通过获得更高的收益来弥补融资成本。贸易融资可通过支付较少的保证金增加现金流量，在铁矿、铜等大宗商品交易中应用较多，也容易引发风险。

第四，卖方融资（vendor financing）。企业并购中一般都是买方融资，但当买方没有条件从贷款机构获得抵押贷款时，或是市场利率太高，买方不愿意按市场利率获得贷款时，而卖方为了出售资产也可能愿意以低于市场利率的利率为买方提供所需资金。买方在完全付清贷款以后才得到该资产的全部产权，如果买方无力支付贷款，则卖方可以收回该资产。

第三节 矿业企业商业银行贷款

商业银行贷款是矿业企业债务融资的主要方式之一。贷款是商业银行作为贷款人，按照一定的贷款原则和政策，以还本付息为条件，将一定数量的货币资金提供给借款人使用的一种信贷行为。贷款是商业银行最大的资产业务。贷款按具体用途大致分为信用贷款、流动资金贷款、项目贷款、房地产贷款、固定资产支持贷款、贸易融资、担保项下贷款等。按贷款期限又分为短期贷款[①]、中期贷款[②]和长期贷款[③]。

矿业企业商业银行贷款是矿业企业为了矿山投资和生产经营的需要，向银行或其他金融机构进行的一种借贷。矿业企业的业务范畴大致有两类，即矿业方面的投资和矿山的生产经营，包括矿产普查勘探、可行性研究、矿山设计施工、矿业生产和产品销售。为满足矿业企业的这些特殊贷款要求，商业银行可为矿业企业提供信用贷款、流动资金贷款、项目贷款、固定资产贷款、担保贷款和贸易融资。由于矿业是资本密集型行业，矿山项目一般生产周期长、高风险、高回报，商业银行常常利用银团贷款的形

---

① 指贷款期限在 1 年（含）以内的贷款。
② 指贷款期限为 1 年（不含）至 5 年（含）的贷款。
③ 指贷款期限在 5 年（不含）以上的贷款。

式，围绕矿山项目设计提供适用的大额中长期贷款，以满足矿业企业的特殊资金要求，并有效分散风险，获取可观的利润回报。

一、商业银行对矿业企业的传统贷款

在国际上，商业银行对矿业企业的贷款常分为传统贷款和其他种类贷款。传统银行贷款又称作现金流贷款（cash flow loan），是指一个公司利用自身的资信能力所安排的融资。贷款银行在决定是否对该公司提供贷款时的主要依据是该公司作为一个整体的资产负债、利润及现金流量情况，对于该公司要投资或生产经营的某个具体项目的认识和控制则放在次要位置，即便是项目本身不能产生预期的现金流，但只要该公司其他商业活动能够产生足够的现金流，贷款银行也有条件得到清偿。传统融资可用于公司的多种用途。传统银行贷款关注公司的资产负债表、盈亏表和现金流量表，根据有关规则对三个财务报表进行分析评估，并由此得出信用评级，作为公司是否满足贷款条件的重要依据。这一点与国内信用贷款类似。有时商业银行还常常以国际认可的全球专业评级机构的评级结果作为重要参考。目前全球知名的评级机构主要有穆迪（Moody's Investor Service）、标准普尔（S&P Global Ratings）和惠誉（Fitch Ratings）三家评级机构。从全球市场份额来看，标普整体市场份额最高，穆迪次之，惠誉市场份额较小。三大评级机构的评级符号分为长期和短期信用级别。虽然三大评级机构评级符号有所不同，但等级的划分以及代表的意义类似，具体如表 3-1、表 3-2 所示。

表 3-1　　　　　　　　三家国际评级机构的长期信用级别

评级机构	标准普尔	穆迪	惠誉
投资级别	AAA	Aaa	AAA
	AA +	Aa1	AA +
	AA	Aa2	AA
	AA -	Aa3	AA -
	A +	A1	A +
	A	A2	A
	A -	A3	A -
	BBB +	Baa1	BBB +
	BBB	Baa2	BBB
	BBB -	Baa3	BBB -
非投资级别	BB +	Ba1	BB +
	BB	Ba2	BB
	BB -	Ba3	BB -
	B +	B1	B +
	B	B2	B
	B -	B3	B -
	CCC +	Caa1	CCC +
	CCC	Caa2	CCC
	CCC -	Caa3	CCC -
	CC	Ca	CC
	C	C	C
违约	SD	D	RD
	D	—	D

表 3-2　　　　　　三家国际评级机构的短期信用级别

评级机构	标准普尔	穆迪	惠誉
短期信用级别	A-1	P-1	F-1
	A-2	P-2	F-2
	A-3	P-3	F-3
	B	NP	B
	C	—	C
	R	—	—
	SD/D	—	D

对任何一笔贷款，都必须遵循以下基本程序，即贷款的申请、贷款的调查、对借款人的信用评估、贷款的审批、借款合同的签订和担保、贷款发放、贷款检查、贷款收回。

根据贷款使用方法可分为循环式贷款（revolving facility）和定期贷款（term facility）。所谓循环式贷款是指借款人可以循环使用的贷款，即借款人一旦偿还任何部分的贷款，其占用的贷款额度就自动释放，可供借款人再次提用。而定期贷款是不可循环的贷款，不可重复使用，一旦提用贷款，其贷款额度即相应取消，即使贷款偿还也不会恢复。定期贷款（term facility）是贷款人向借款人提供的承诺性贷款额度，由借款人一次性提取（在某些情况下也允许分次提取），贷款期限固定，借款人按照约定的计划还款，可以是一次性清偿全部贷款（bullet payment），也可以按计划逐步还款（amortization schedule）。如果借款人提前偿还贷款，偿还部分不得重新提取。定期贷款的期限通常为 1—5 年，对于信用较好的借款人也可能延长到 7 年。循环式贷款（revolving facility）允许借款人在一定期限（额度有效期）内提用短期贷款，贷款提前偿还后在额度有效期内仍可以继续提供。循环贷款额度可以是承诺性的，也可以是非承诺性的。循环式贷款期限一般为1个月、2个月、3个月或6个月。期限届满时，借款人可以选择还款，也可以续借（roll over）。循环式贷款形式多用于流动资金贷款。循环式贷款还可细分为小额隔夜循环式贷款（swingline）、多币种循环式贷款（multicurrency）、竞标式循环式贷款（competitive bid option）、到期可转循环式贷款（term out）、长青式循环贷款（evergreen）。

二、商业银行对矿业企业的其他贷款

商业银行还可向矿业企业提供其他种类的贷款。贷款根据贷款用途还可分为流动资金贷款（working capital facility）、固定资产支持贷款（asset based loan facility）、项目贷款（project loan facility）和贸易融资（trade finance）等。

（一）流动资金贷款

流动资金贷款（working capital facility）是指贷款人向借款人发放的用于借款人日常生产经营周转的贷款。流动资金贷款可包括营运资金贷款、搭桥贷款、备用贷款和账户透支等。流动资金贷款的用途往往比较模糊。这种不确定性给银行带来一定风险，因此银行往往通过一些其他的条款对借款人作出限制，可能包括以下三点：第一，对贷款禁止使用的用途作出明确规定；第二，要求借款人在提款通知书中对每笔提款的具体用途作出明确说明；第三，通过贷款资金的受托支付管理贷款资金的使用。

（二）固定资产支持贷款

固定资产支持贷款（asset based loan facility）是指以借款人自有的、已建成并投入运营的优质经营性资产为抵押，为满足借款人在生产经营中多样化用途的资金需求而发放的贷款。一般情况下银行对借款人抵押的资产估值常进行折扣处理，并定期对抵押资产进行估值，以确保贷款期内抵押资产价值高于贷款额。

（三）项目贷款

项目贷款（project loan facility）是指贷款用途为用于借款人投资购买大型生产装置或投资开发、建设经营矿山项目的贷款，可包括项目融资（project finance）、并购贷款（acquisition finance）、矿山设备贷款（equipment loan facility）、项目搭桥贷款（又称过桥贷款，project bridge loan）和出口买方信贷（export buyer's credit）等。

（四）贸易融资

贸易融资（trade finance）是指贷款用途为用于公司企业进行国际商贸活动的金融工具和产品，可包括进口信用证（letter of credit）、出口打包贷款（export packing loan）、出口发票融资（export invoice finance）、预付款融资（prepayment facility）和信用证保兑业务（letter of credit confirmation）等。

（五）借新还旧

借新还旧（refinancing）贷款又称为再融资，是指贷款到期后未归还，又重新贷款用于归还部分或全部原贷款的借款行为，包括从同一银行或从其他银行借款。主要表现在：一是贷款到期时借款人尚没有还款来源，需要继续借款；二是贷款尚未到期，但借款人能获得更便宜的资金，希望替换之前的贷款资金，以节约资金成本。

不论是传统的商业银行贷款还是其他种类贷款，如果矿业企业及相关项目资金需求庞大，一家银行无法满足其贷款需求，且银行出于风险分散和监管限制的考虑，愿意组成银团发放贷款给借款人，均可在这些贷款形式的基础上组织银团贷款。银团贷款如有来自不同国家或地区之借款人与银行或金融机构参与，则称为国际银团贷款。

第四节　矿业企业国际银团贷款

矿业是一个资本密集型行业，矿山开发建设周期长，资金需求大，十分适用国际银团贷款，但是由于矿山自然条件的不确定性、社会环境的不确定性和基础资料的不确定性，矿业又是具有高风险的行业。我国矿产资源对外依赖度偏高，人均资源有限，海外投资是补充矿业短板的重要手段。国家层面应加大对战略性矿产资源企业"走出去"的支持力度。中资银行应做好对"走出去"中资企业的金融支持工作，以服务于国家总的资源战略。那么，中资银行在海外如何才能利用好国际银团贷款这一工具更好服务全球矿业企业和海外中资企业，确保国际银团贷款贷得出去，收得回来，赚得到钱呢？笔者根据多年海外矿业企业银团贷款经验，总结出三条措施，供大家参考。

第一，商业银行应对全球矿山资源行业供需关系和大宗商品市场进行深入调查研究，同时结合对中国战略资源布局的理解制订年度矿种风险偏好政策，确定贷款准入的矿种名单。矿业是实体经济的主要原材料供应方，既受全球经济发展周期的影响，又受自身国际矿业周期的影响，具有自身的特殊性和复杂性。每年确定贷款准入矿种名单是一项非常重要的工作。

第二，商业银行应针对贷款准入矿种具体行业全球供需关系进行全面调研，总结出全行业矿山的全球成本曲线。商业银行基于自身风险偏好（risk appetite）和收益要求，只能贷给全行业成本曲线头部的矿山项目，不论是新建项目（又称绿地项目，greenfield）还是改建扩建项目（又称棕地项目，brownfield），在矿业，成本有其特殊意义，主要有两种，一是现金成本（cash cost），是指矿山直接运营成本，不包括非正常科目、折旧分摊、勘探成本和所得税。二是全成本（all in sustainable cost，简称AISC），是矿业一个独特的成本术语。全成本在现有的现金成本上还包括了矿山生产维持成本。

第三，商业银行应认真做好贷款项目评估工作和项目资产估值工作。客户经理在项目评估工作中应抓住矿山项目评估的要点，抓住主要矛盾，解决主要问题；客观评估矿山资产和矿权价值，有效识别矿山项目的风险所在，积极做好风险防范，确保矿业国际银团贷款业务顺利进行。

第五节　矿山项目国际银团贷款评估要点

在矿业国际银团贷款交易中，贷款人最主要考虑的是贷款的安全性，就是能否安全回收贷款本金和按时收到贷款利息。为此目的，除了对借款人进行信用评估和担保安排之外，贷款人还会对贷款所涉及的项目进行评估，并在项目评估的基础上在银团贷款协议上设定一系列的保障条款，从而确保贷款人的利益得到保障。

对于借款人信用评估，想必大家已相当熟悉。对一般贷款所涉及的项目评估，各家银行针对不同的矿种也有各自的风险偏好、项目准入政策和技术标准，供业务人员比照执行，在此就不一一赘述了，只想把笔者根据多年经验总结的项目评估要点与大家分享，希望对读者有所帮助。

在矿业国际银团贷款交易中，常见的文件有三种，信息备忘录和财务模型（Financial Modelling）是贷款银行进行项目评估所关注的重要文件，而贷款条款清单（Term Sheet）则是银团贷款银行确保自身利益以及风险防范和缓释的重要法律文件。信息备忘录一般由银团牵头行负责准备，发送给潜在贷款银行，提供借款人和相关银团贷款的主要信息。在矿业企业国际银团业务中，信息备忘录通常包含：

第一，免责函（disclaimer）。

第二，银团贷款交易和项目综述（executive summary）。

第三，借款人背景（borrower overview），通常包括项目所有人（owner/sponsor）背景和项目所有权结构（ownership structure）、担保人（如有）背景情况。

第四，项目背景（project overview），通常包括项目地址和矿权地情况（location and tenements）、地质情况（geology）、岩土工程情况（geotechnical）、用水供应（ground water）、资源和储量（resources and reserve）、采矿（mining）、选矿（processing）、相关基础设施（supporting infrastructure）、铁路陆路运输（rail & road）、港口（port）、环境评估（environmental considerations）、社区关系（native titles and aboriginal heritage）等以及涉及矿山项目建设期和运营期的所有情况。

第五，市场与销售（sales and marketing），主要包括所涉及矿种全球供需关系分析（supply and demand）、市场定位（positioning）、产品质量和定价（quality and pricing）、营销策略（marketing strategy）、销售合同（sales contract）等。

第六，财务分析和技术评估（financial analysis & technical considerations），通常包括财务分析假设条件（financial analysis assumptions）和财务模型（financial model）。

第七，尽职调查（due diligence），主要包括保险尽职调查（insurance due diligence）、法律尽职调查（legal due diligence）和税务尽职调查（tax due diligence）等。

第八，风险和缓释（risks and mitigation），主要介绍项目可能存在的风险和风险缓释措施。

第九，融资结构和融资计划（financing structure and plan）。

第十，一系列相关的附录文件（appendices）。

由于借款人的背景、相关项目规模和复杂程度各自不同，信息备忘录文件有时卷帙浩繁，信息量巨大。银行业务人员时常感觉到不知从何下手，找不到重点。本书列出以下矿山项目评估要点，供银行从业者参考。

在矿业，国际银团贷款的用途主要有三种：矿业投资收购矿山资产、开发新的矿山、已有矿山的扩建和改造。这三种情况均要求贷款银行要充分做好项目评估工作。做好项目评估工作重点在于抓住主要矛盾，提出关键问题，带着问题有目的地研究项目、评估项目。

矿山项目评估要点如下：

第一，评估矿山项目信息备忘录中提供的矿石品位和储量是否真实存在。

在矿业企业国际银团贷款实务中，银行从业人员应牢记矿山的自然禀赋状况是一切矿业投资生产经营的基础，是矿业投资生产经营是否成功的决定性因素之一。对此，贷款银行应认真研读信息备忘录中资源和储量及地质两部分的内容，确认资源和储量报告完全符合澳大利亚矿产储量联合委员会（JORC）、加拿大矿业冶金石油协会（CIM）、美国矿业冶金勘探协会（SME）和南非矿产公开报告标准委员会（SSC）的国际披露要求，同时调查资源和储量报告签发人（competent person）的技术背景，该签发人从事该矿种地质工作的年限、经办此类项目的经验。除此之外，在国际银团贷款文件中充分利用陈述和声明条款（representations and warranties）和违约事件条款（event of default）对借款人进行约束，确保信息备忘录中披露的资源和储量数据完整无遗漏，真实可信，以保护贷款银行的正当权益。

第二，矿山储量决定了矿山寿命期。

银团贷款期限应在矿山寿命期内，并留有一定的余地，以确保矿山储量足以支持矿山产出的现金流，完全可以保证银团贷款的本息偿还。矿产储量是矿产资源评价的重要依据。储量计算的结果是评价矿床工业意义、确定矿业企业生产规模、投资规模、矿山寿命的重要依据。合理地对储量进行分类和分级是衡量矿床勘探程度和生产准备程度的重要依据，是矿山进行勘探与生产设计、制订生产计划、进行储量管理和生产技术经济管理的重要依据。

在国际银团贷款文件中，贷款银行通过在违约事件条款（event of default）中设定矿石储量尾部比例（ore reserve tail ratio）对此进行约束和管制，以确保贷款银行的利益得以保障。矿石储量尾部比例条款要求借款人在银团贷款到期日（maturity date）尚未开采的矿石储量占整个矿石储量的比例不得少于或等于一定比例，或者不少于某个具体单位数值，如黄金100万盎司（oz）。一般矿石储量尾部比例常设为不少于20%或30%。

第三，无论银团贷款是用于新建矿山的开发建设还是用于已有矿山的产能扩建,资本支出(CaPex)涉及资金的合理使用和分配,以确保矿山项目的建设工作如期完成,避免完工延时(completion delay)和成本超支(cost overrun),资本支出计划的合理性和可靠性是矿山项目评估的重点之一。

贷款银行首先要考察建设承包商的资质和经验,在当地矿业界的声誉,主要管理者的背景、能力和经验等;其次要认真研究各项资本支出科目,复核各项支出科目的合理性,通过与行业内同类成功项目相关资本支出的信息比照研判项目资本支出所列科目是否恰当,所列金额是否合理;最后,核查借款人与项目建设主承包商所签的工程总承包(EPC)合同。其中应注意项目完工日的设定是否合理(practical completion)和项目建设主承包商是否提供了项目完工担保(completion guarantee)。

在银团贷款文件中,贷款银行通过在贷款使用条款(utilization)中设定建设期各个工程完成节点的先决条件(CP)对资本支出项下的资金流出进行逐一管控。

第四,矿山项目的经营成本(OpEx)是反映矿业企业生产效率的重要指标。

贷款银行需了解矿山项目主要工艺流程经营成本的组成结构,核实各项经营成本的真实性和可靠性,确定该项目的经营成本在行业内全球成本曲线上所处的位置。经营成本的高低对矿业企业来说至关重要。矿业受世界经济周期和矿业自身周期的双重影响,行业周期性强,受全球大宗商品市场波动的影响大,矿业存在着高峰和低谷的市场波动。在矿业低谷时,经营成本的好坏直接决定着矿业企业的抗风险能力和生死存亡，也决定着银团贷款的安全。对此，贷款银行一定要给予足够重视。对于位于全球经营成本曲线不利位置的项目，应谨慎放贷，做好充分的风险防范措施，包括各种增信措施，如集团担保、资产抵押等。

在矿山生产经营活动中，经营成本与矿业企业选择的工艺流程密切相关。如选用传统工艺流程，由于技术比较成熟，一般建设达产成功的概率较高，成本有例可循。任何工艺流程方面的革新改变，贷款银行均需格外小心审核，确保其切实可行且成本可控。另外，贷款银行还要核实其未来是否有扩产潜力，经营成本是否有进一步降低的可能性。银行从业人员应主动学习掌握采矿、选矿方面的知识，了解不同矿种基本的采矿选矿工艺流程，认真阅读项目的独立技术报告（Independent Technical Report），同时与银团聘请的技术顾问做好充分沟通。

在银团贷款信息备忘录中对经营成本均有专门的描述。经营成本一般用现金成本（total cash operating cost）和全成本（all in sustainable cost）来表示。现金成本指矿山直接营运成本，一般包括采矿成本、选矿成本、铁路运输或公路运输成本、港口成本、基础设施、环保和保险、人力成本、矿权费成本和碳税等科目。现金成本计算一般以运至货物离岸码头成本（FOB）为限。全成本在现金成本基础上还要加上矿区使用费（royalties）、土著人费用（native title）、维持性资本支出（sustainable capex）、海运费和流动资金持有成本等科目。全成本一般以运至货物到岸码头成本（CIF）为限。在全球矿山同业成本曲线中一般采用全成本来进行比较。鉴于经营成本的重要性，对于在全球矿山经营成本曲线不利位置的矿山项目，银行应采取格外审慎的态度，必要时要求借款人提供担保或其他增信措施。

第五，评估矿山项目主要管理人员是否具有必要的专业资质和相关管理经验、经手的成功案例以及在当地矿业圈内的声誉。

在银团贷款信息备忘录中一般有专门章节对矿山项目主要管理人员的专业资质和相关管理经验进行介绍，也比较容易核实相关人员在某些项目上的参与情况。但是国际矿业圈鱼龙混杂，矿业项目常常涉及资金上亿美元甚至几十亿美元，管理团队人员的职业操守至关重要，而项目成败与主要管理人员的管理水平密切相关。银行从业人员应长期深耕矿业，与矿业圈形成一定人脉关系，才能从中了解相关信息。

第六，矿山的投资开发、生产、经营是人类一项非常复杂的经济活动，面临许多风险和不确定性，经常需要聘请第三方专业公司对项目所涉及的市场（market）、技术（technology）和环保提供专门的研究报告。这些研究单位一般在全球有自己的多学科专家团队，在任何项目中不占有股权，独立经营，确保报告编制的中立性、独立性、公正性。譬如，成立于1964年的CRU是一家全球性的独立的市场研究机构，金属矿业经常聘请CRU提供独立的市场研究预测报告。成立于1974年的SRK Consulting（以下简称SRK）是一家独立的国际性咨询机构，旨在为客户提供矿业资源方面专业的咨询建议和问题解决方案。对于矿业项目，

SRK 的服务覆盖从勘探至闭矿的各个环节。SRK 团队囊括各领域的顶级专家，其专业服务涵盖尽职调查、技术研究、矿山废物和水管理、证照许可和复垦等。矿业各单位经常聘请 SRK 提供独立的技术报告和环境报告。在矿业国际银团贷款实务中，第三方专业机构出具的市场报告（Market Due Diligence）、技术报告（Independent Technical Report）和环境报告（Environment Report）对贷款银行矿山项目评估工作至关重要，是矿山项目技术评估、经济评估的数据基础。贷款银行应确认第三方专业公司是行业内知名的机构，在此基础上采信数据时仍需稳健保守，尤其是对于报告中相关商品价格数据、成本数据、产量数据、利率汇率等的采信不可过分乐观，因为这些数据的正确与否关系到项目未来现金流预测是否稳健可靠，而项目现金流是国际银团贷款的第一还款来源。

第七，通过查阅资料和实地考察开展矿山项目尽职调查（due diligence）工作，认真撰写尽职调查报告，从中有效识别项目风险，清楚分析和评估项目风险并做好风险的全面管理工作，从而确保矿山项目建设按计划完成，不出意外，确保银团贷款的信贷安全。

在尽职调查工作中，尽职调查清单、风险清单和财务模型是常用的工具。经过多年实践的不断更新完善，矿业已拥有比较完整的适用于矿业的项目评估尽职调查清单、风险清单模板，可参考使用，确保尽职调查工作全面完整，没有遗漏。矿业专用的财务模型也是银团贷款银行进行初步尽职调查、与借款人谈判、跟踪项目开发生产运营的好帮手。尽职调查工作非常繁杂，涉及很多细节，一般应抓住以下四项工作重点。

首先，对项目发起人的历史背景情况进行深入调查，以确认项目发起人对项目的真正兴趣和责任，包括对项目发起人的集团公司、从业记录、集团管理层组成、项目公司的管理层组成进行评估调查。

其次，利用财务模型对公司和项目重点进行分析，以确认项目的财务可行性。通常财务模型是由财务顾问公司和技术顾问公司共同设计开发的。贷款银行应对财务模型假设条件进行认真研究评估，如有必要，可聘请独立顾问公司帮助核实；对于项目成本，包括资本支出和经营成本进行分析评估、核实确认；对于主要经济参数还要进行各种敏感性分析（sensitivity analysis）和比例分析（ratio analysis），并与行业平均值做比较。贷款银行对项目顾问公司提供的财务模型须进行内部审计后方可采纳使用。

再次，法律尽职调查通常由银团任命的法律顾问来进行，主要集中在项目各参与方权利责任的界定和项目延迟完工如何补偿等问题上。

最后，融资结构和财务安排分析。主要评估内容有债务与股东权益比例（debt to equity ratio）、本金偿还计划（principal repayment schedule）、还款储备金账户（debt service reserve account）的设立、资金存留机制（trust and retention mechanism）等。

第六节　矿山项目国际银团贷款风险评估

所谓"风险",是指投资项目预期收益发生偏差的可能性,这种可能性越大,则风险越大。矿床的勘探和开发及扩建是一项极其复杂的综合工程,工程的建设期和投资回报期很长,面临着大量的不确定因素,从而导致投资支出能否取得预期效益具有更大的不稳定性,加上投资金额巨大,矿山一旦开建,很难再改变,因此矿业投资风险较大,为矿业企业投资提供贷款的国际银团也面临着同样的不确定性风险。

风险评估和管理是矿业企业国际银团贷款业务的重要组成部分,责任重大。矿产工程项目的风险主要来自三个方面。

第一,矿山自然条件的不确定性。包括矿床自然条件,如地质条件的不确定性,矿岩物理力学性质、水文条件的不确定性,品位和储量的不确定性等。

第二,社会环境的不确定性。包括矿产品价格、投资、成本、市场供需、矿业政策、环保法规、国际政治经济形势的不确定性等。

第三,基础资料的不确定性。由于矿床经济评价和可研报告的大部分基础资料来自类似矿山或者经验,其正确性难以保证。

矿业企业管理者在矿山开发经营中需不断作出矿产风险决

策,包括:进一步固定矿体、继续进行某个勘探工程、新建矿山、扩大矿山能力、改变矿山经营参数、选择采矿方法、购置安装新设备、生产矿山的大规模改造及更新设备等。

矿山项目风险管理是指通过项目风险识别、风险界定和风险度量等工作去认识项目的风险,并以此为基础通过合理地使用各种风险应对措施和管理方法对项目风险实行有效的控制,妥善地处理项目风险事件所造成的不利结果,以最低的成本保证项目总体目标的实现等管理工作。

矿山项目风险管理主要内容有:项目风险的识别、项目风险的分析与评估、制定项目风险应对措施、项目风险管理的动态调控,下面将分别进行介绍。

一、项目风险的识别

项目风险的识别是风险管理的基础。项目风险识别的主要任务是找出项目风险,识别引起项目风险的因素,并对项目风险后果进行定性和定量的估计。存在于项目内以及周围环境的风险多种多样,错综复杂。风险识别包括识别内在风险及外在风险。内在风险是指项目管理人员能加以控制和影响的风险,如人事任免和成本估计等。外在风险是指超出项目管理人员控制力和影响力之外的风险,如自然风险和市场风险等。

风险识别的目的包括:识别出可能对项目进展有影响的风险因素、性质以及风险产生的条件,并据此衡量风险的大小;记录具体风险的各方面特征,并提供最适当的风险管理对策;识别风险可能引起的后果。

风险识别的方法目前主要有专家调查法、核对表法等十种。在实际应用中,可从中加以对比,选出合适的方法。下面将举例说明。

第一,专家调查法。该方法通过发函、开会或其他形式,向专家调查,凭借专家的经验对项目各类风险因素及其风险程度作出定性估计。第二,风险核对表法。该方法基于以前类似项目信息编制的风险识别核对表,一般按风险来源排列,主要优点是快而简单,且可查阅资料很多。第三,SWOT分析法。该方法通过分析项目内部优势与弱势以及项目外部机会和威胁,识别项目的风险。由于需要大量对比工作,需要大量类似项目资料。第四,常识、经验和判断。矿山项目班子成员个人多年积累起来的知识、经验和判断在风险识别时非常有用。第五,敏感性分析法。敏感性分析研究矿山项目在矿山寿命期内各种前提假设与参数变动时,矿山项目出现的变化以及变化程度,从而识别出风险隐藏在哪些假设和参数上。第六,项目工作结构分解。用分解结构的方式将项目中各子任务的风险识别出来,从而识别出整个项目的风险。第七,实验或实验结果。第八,事故树分析法。第九,头脑风暴法。第十,系统分析法。

风险识别的工作成果是风险清单。风险清单是记录和控制风险管理过程的一种方法,并且对项目风险决策具有不可替代的作用。风险清单的内容常包括:对风险进行详细描述和划分;对可能性和后果的评估；风险归属权的识别；风险的程度、成本可否接受等。

矿业投资的风险因素大致可以分为五大类：技术性风险、市场性风险、政治性风险、信用风险、环境保护风险。下面将具体展开进行介绍。

第一，技术性风险。技术性风险包括三个主要方面。首先，矿床技术条件如品位与储量、矿石可选性的变化会导致产量和采选成本的变化，我们称作资源风险。对于矿山这种依赖于某种自然资源的生产项目，一个先决条件是要求项目的可供开采的已证实资源总储量与项目融资期内所计划消耗的储量之比要保持在风险警戒线之下。其次，工程条件如矿床水文地质、矿岩力学性能的变化会导致施工费用的增加、工程进度的延迟以及工程设计的修改。最后，生产风险是指矿山项目在项目试生产阶段和生产运行阶段存在的技术、资源储量、能源和原材料供应、经营管理、劳动力状况等风险因素的总称，是矿山项目贷款的一个主要的核心风险。其主要表现形式有技术风险、资源风险、能源原材料供应风险、经营管理风险、人员风险等。如项目为新建矿山，项目还有完工风险。完工风险是矿山项目贷款的核心风险之一，包括项目延误延期、项目建设成本超支、项目迟迟达不到设计规定的技术经济指标等风险，极端情况下，还存在项目被迫停工放弃，银行贷款本息难以收回，造成重大信贷事故的风险。

第二，市场性风险。市场性风险是矿业项目投资风险的一个重要方面。矿产实际销售价格对预期价格的变化会影响项目投资收入与利润，影响用于借款人还本付息的现金流，因此具有价格风险。实际需求量对预期需求量的变化会影响矿山的产量和收入，因此具有市场销售量风险。外汇汇率的变化、利率的变化会影响国际矿业公司的销售收入和成本，因此又具有汇率风险和利率风险。中央银行加息抑制通货膨胀也会影响矿山投资效果。贷款银行有时会要求借款矿业企业利用期货市场对市场性风险因素（如价格、销量、汇率和利率等）实现一定的保值控制。

第三，政治性风险。投资者与所投项目不在同一国家，有可能面临着项目所在国的政治条件发生变化而导致项目失败、项目信用结构改变、项目债务偿还能力改变等风险。这类风险统称为政治性风险，可分成三类。首先是国家风险，即项目所在国政府由于某种政治原因或外交政策上的原因，对项目实行征用、没收、国有化，或者对项目产品实行禁运、联合抵制、终止债务偿还的潜在风险。其次是国家政治、经济、法律稳定性风险，即项目所在国在外汇管理、法律制度、税收、劳资制度、劳资关系、环境保护、资源主权等与项目有关的敏感性问题方面的立法是否健全，管理是否完善，是否经常变动。最后是项目所在国家政府的政策变化风险，主要包括货币及外汇政策、环境保护政策、税收政策和进出口政策等方面的变化。矿业投资政策变化风险仅能通过矿业厂商与组织对政府决策施加有限的影响而得到一定程度的控制。

第四，信用风险。矿山项目贷款经常采用项目融资的方式。有限追索的项目融资是依靠有效的信用保证结构支撑的。各个保证结构的参与者能否按照法律条文履行其职责，提供其应承担的信用保证就是项目的信用风险。

第五，环境保护风险。矿业生产是从地壳中开挖、提取和加工矿产资源的经济活动。在采矿生产中，不论是露天开采还是地下开采，都不可避免地改变原有的自然环境，如植被、地下水和大气等。矿山开发结束时，对在矿产开发过程中污染和破坏的土地采取整治措施，使其恢复到可利用状态并加以利用，这部分的工作叫作复垦。各国政府对复垦的要求不同，费用也不同，因此矿山项目存在着环境保护风险。

研究矿山项目风险的目的主要有两个方面。其一是为了比较不同方案，以便作出正确的决策，这时需要了解整个项目的综合风险程度。其二是为了应对意外事件的发生，以便采取相应对策，不仅要了解项目的总风险，还要了解各种因素对收益的影响大小。贷款银行最关心的是用来还本付息的项目现金流，因此，风险分析是银团贷款银行的重要工作，必不可少。

二、项目风险的分析与评估

风险识别仅是从定性的角度认识了风险因素，要把握风险，就必须在识别风险因素的基础上对其进行进一步的评估。风险的分析和评估往往采用定性与定量相结合的方法来进行，两者之间不是相互排斥，而是相互补充的。风险分析与评估的主要内容包括：第一，确定风险因素发生的概率值，通过主观或客观的方法对风险进行量化，求出可能性或概率指数；第二，分析各风险因素的风险后果，评定严重程度及对整个项目的综合影响等级并提出可能的风险防范措施，以备决策参考。

在矿业项目投资开发、生产、经营的项目风险评估中，常常使用盈亏平衡分析法（breakeven analysis）、敏感性分析（sensitivity analysis）、概率分析（probability analysis）和蒙特卡洛模拟方法（Monte Carlo method）进行项目风险评估。下面将展开进行介绍。

（一）盈亏平衡分析法

盈亏平衡分析法（breakeven analysis）用于研究一定的市场生产能力及经营条件下，项目产量、成本收益的平衡关系。盈利与亏损有一个分界点，称为盈亏平衡点，在盈亏平衡图上表现为总成本线与销售收入线的交点。在该点上，收入等于成本，项目既未盈利也不亏损，达到收支平衡。盈亏平衡分析是评价项目经济效益的一种常用风险分析方法。分析盈亏平衡点需要的经济参数有：产品销售量、产品销售价格、单位产品可变成本、固定总成本。盈亏平衡分析法的计算公式为：

产品销售收入 $S = P \times Q$

产品年总成本为 $C = V \times Q + F$

式中，S 为年销售收入，P 为单位产品的销售价格，Q 为产品产量，C 为产品年总成本，V 为单位产品可变费用，F 为年固定费用。

根据收支平衡关系，$S = C$，可推出如下三个关系：

收支平衡产量 $Q_0 = \dfrac{F}{P-V}$；

收支平衡时销售收入 $S_0 = P \times Q_0 = \dfrac{P \times F}{P-V}$；

收支平衡时的生产负荷率 $n = \dfrac{Q_0}{Q} = \dfrac{F}{Q(P-V)} \times 100\%$

盈亏平衡分析法里的收支平衡图有很重要的经济意义。通过收支平衡点的分析，可了解到生产销售量等因素变化对企业收益有何影响，从而考察矿山项目矿业承担多大的减产风险和滞销风险。

（二）敏感性分析

敏感性分析（sensitivity analysis）是常用的评价投资项目风险的不确定性的一种分析方法。具体地说，它研究的是各种投入变量数值发生变化时，在项目决策中各种指标的变化程度。例如矿山储量、品位、售价发生变化时，表示项目经济效果的各项指标（净现值、内部收益率等）的变化程度如何。投资项目的评价指标对于不同的不确定因素的敏感程度是不相同的，敏感性分析的目的就是要从这些不确定因素中找出特别敏感的因素，以提出相应的控制对策。

敏感性分析主要有三个步骤。第一，确定分析指标，常用的指标有投资回报期、内部收益率、净现值等。第二，确定不确定因素，矿山常见的不确定因素有储量、品位、价格、生产成本、生产能力、资金构成及来源、基建期、达产期、通货膨胀率等。第三，按敏感度的大小确定敏感性因素，首先固定其他因素，变动其中某一个不确定因素,计算不确定因素变化对分析指标影响的具体值,依次计算;其次,在计算结果的基础上将结果加以整理,并采用表或图的形式表示出不确定因素变动与分析指标随之变动的对应数量关系;最后,通过表中的因素变动率或图中曲线斜率的大小,判断影响项目经济效果和敏感性的因素,对有可能超出临界范围的敏感因素提出相应的应对措施。

敏感性分析有助于找出影响项目经济效果的敏感因素及其影响程度,对于提高项目效果评价的可靠性有现实意义,而且这种分析方法简单,容易掌握。

(三)概率分析法

概率分析法(probability analysis)用项目的预期收益或预期收益率的平均离散程度(即标准差)来度量。基本原理是假定各参数是服从某种分布的、相互独立的随机变量,方案的经济指标作为这些随机变量的函数,自然也是一个随机变量。在进行概率分析时,先对参数值作出概率估计,并以此计算方案的经济指标。然后通过经济指标的期望、标准差、风险度等来反映方案的风险和不确定性。期望值是随机变量的平均值,也是最大可能值,它最接近实际事件中的真实值。

概率分析法公式为

$$E(x) = \sum_{i=1}^{N} X_i \times P(X_i)$$

其中 $E(x)$ 为期望值,X_i 为不确定变量,$P(X_i)$ 为不确定变量发生的概率。另外,表示项目风险的大小,可以用项目预期收益的标准差除以期望度来表示,称作风险度。

$$D = \frac{\delta}{E(X)}$$

（四）蒙特卡洛模拟方法

蒙特卡洛模拟方法（Monte Carlo method）是数学家 John Von Neumann 的贡献，是当今国际风险估计的主要方法之一。这种方法通过预先输入的不确定因素的估计概率分布的随机抽样，对项目评价指标进行计算，每抽一次样本数据，都计算一次项目的评价指标，一直重复计算，直到规定的模拟次数，其计算的结果就是用概率分布表示的评价指标值。这种概率分布，通常以不同的格式来表示，即评价指标的直方图概率分布和累积概率分布曲线。

三、确定项目风险应对措施

确定对项目风险的应对措施也是项目风险管理中的一项重要工作。一般情况下，项目风险管理工作在项目风险识别和项目风险的分析与评估之后，即进入项目风险应对措施制定和执行阶段。在制定风险应对措施之前，我们首先要分析确定哪些风险是可控制的，哪些风险是不能控制的，从而因地制宜地确定和执行不同的项目风险应对措施。针对不同形式的项目风险，我们应采取积极防范的态度和底线思维的方法，防风险于未然，确保项目顺利完成，达到预期的投融资目标。

可控制的风险是那些可以自行控制和处理的风险，包括但不限于投资人的承诺、合作者的信用状况、有效的市场需求竞争、项目准备、获准风险、完工风险、成本超支、技术失败、建设和运行期间产生的伤亡及运行的性能质量。

不可控制的风险是那些不能自行控制和处理的风险，包括但不限于不可抗力风险、强制收购风险、法规变更风险、违约风险、投标和谈判风险、利率变化风险、供应价格变动风险、通货膨胀风险、偿还期限风险、货币风险及当地资产评估风险等。

面对各种不同的项目风险，人们一般采取的项目管理策略包括：第一，避免或确保消除某些风险；第二，制定降低风险可发性和严重性的方案，将风险降至最低；第三，将不可避免的风险转移给第三方，这通常是通过风险定价和付保险费给承受风险的第三方来实现；第四，将风险分配给计划参与者中最有能力处理风险且对项目造成最低损失的一方。通过各种项目文件使项目风险在参与者之间得到合理的分配。

项目融资（project finance）是矿山项目贷款中非常重要的一种融资方式。项目的发起人（即股东）为经营项目成立一家项目公司，以该项目公司作为借款人筹组贷款，以项目公司本身的现金流量和全部收益作为还款来源，并以项目公司的资产作为贷款的担保物。项目融资可以按追索权划分为无追索权和有追索权的项目融资。与项目融资有关的风险管理是整个项目贷款风险管理的一个重要组成部分，其不仅关系到项目的成败，也关系到融资方银行的切身利益，必须给予足够的重视。

与整个项目的风险管理一样，项目融资风险分析是项目风险识别和评价工作的自然延续。项目融资风险分析涉及与项目融资密切相关的各种风险要素以及这些风险要素对融资结构可能产生的影响。对项目融资风险不仅要有定性的分析，还要作出系统性的定量分析，将各种风险因素对项目现金流量的影响数量化，在此基础上确定项目的最大融资能力，设计出借贷各方都能接受的、愿意共同承担风险的融资结构。

项目融资风险管理包括但不限于以下对风险的分析和管理。

第一，完工风险。完工风险包括以下情形：根本完不成项目，建设延误和（或）成本超支，项目没有达到既定的技术标准导致预期的生产能力和产出效率不足，预期的资源不足，不可抗力事件导致建设延误或成本超支，找不到合格的人员、管理者和可靠的分包商等。完工风险是项目发起人面对的最重要的风险。为此，项目发起人应选择有实力、信誉好的承包商，合理规划工期，加强进度控制，同时采取降低风险措施，包括要求承包商、供应商和分包商提供履约保函或第三方担保、购买足够的商业保险、通过谈判确定一个延误或执行出现问题时的必须赔偿金额。项目贷款银行也会要求项目发起人提供完工担保。

第二，运营和维护风险。项目完工交付使用后，项目发起人面临着项目运营和维护风险。应考虑选用市场口碑好、具有丰富的相关管理经验的项目运营团队，同时加强预算管理，合理估算运营成本，确保项目正常运营，运营成本可控，达到预期的投融资目标。

第三，市场和操作风险。项目完工交付使用后，项目发起人必须着手解决与产品销售相关的风险，如对项目产品和服务的实际需求低于预期值、非预期的竞争、关税壁垒比估计的强而影响到进口成本和出口能力、由于政府管制导致市场准入困难等。面对这些风险,项目发起人可以通过聘用经验丰富的销售人员制订和执行有力的营销计划,以提高营销效率的方式来降低这种风险,同时,通过谈判确定一个长期的照付不议协议,降低市场和操作风险。贷款银行也可通过贷款协议中对产品销售的区域、客户和销量的限制来规避此类风险。

第四,金融风险。项目本身以外的金融因素对项目的潜在影响,对项目贷款人和发起人来说都是一种风险,这些因素包括但不限于:汇率变化、利率变化、国际市场大宗商品价格的变化、能源价格和原材料价格变化、通货膨胀等。降低这类风险的措施有:货币互换、利率互换、大宗商品远期或期货合同、混合债务结构、通过谈判确定关税指数化式规避机制、远期销售或期货合同等。贷款银行常常在贷款协议中列明这些降低风险措施,同时也可以提供平台和额度帮助项目发起人采取这些措施管理风险。

第五,政治风险。政治风险包括但不限于:现有的税收、进口关税、海关程序、产权、外汇法律和环境保护方面的管制政策都可能会发生变化,从而产生对项目不利的影响;没收、征用或国有化项目;政府的许可、批准或其他同意事项不能及时落实、不能持续;对利润返还和利息支付的限制;对项目资源储量使用比例的限制;政府对资源项目矿权税的调整;战争、革命或政治暴乱;地缘政治对项目的影响等。降低政治风险的措施包括:通过与政府签订项目执行协议来规避法律变更的风险;购买政治保险可作为一种附加的规避风险方式。

第六，法律风险。法律风险包括：缺乏适用的法律选择，出现争端时不能仲裁，不能执行国外裁决，不能执行担保安排，对知识产权缺乏足够的保护等。针对法律风险能够采取的措施和工具比较有限，只能通过合同在参与各方之间进行风险分配。

第七，环境和社会风险。环境和社会风险是指项目没有遵循或完全遵循政府部门制定的环境标准和规划，其后果常常是项目延误、公众抗议、诉讼或受到罚款，从而增加项目的负担。环境和社会风险对项目发起人和参贷银行非常重要，必须引起高度重视。降低这类风险的措施是：选择一个有资质、在项目当地有一定影响力、国际认可的公司进行环境影响评估（environment impact assessment，EIA），作出相应复垦恢复计划并对其中需要密切关注的事项准备方案措施，以降低风险。当然，成本由项目来承担。

第八，不可抗力风险。这种风险是潜在的，是项目所涉各方不能控制的外部事件，而且这些事件也不能通过好的行业实践或合理的判断来避免。在项目融资交易中，一般会有专门条款对受不可抗力风险影响的各方免予执行合同的责任。针对不可抗力风险，可采取购买保险的措施来规避，但我们应该清楚地认识到购买保险可能很难对不可抗力风险进行全覆盖。

四、项目风险管理的动态调控

在风险管理的过程中，需要强调两点：首先，风险种类和风险强度随着项目的进展是不断变化的，可控和不可控风险的划分也不是绝对的和静态的，有时不可控风险也可以通过一定的手段予以减少，而有时可控风险却无法避免；其次，随着社会信息化程度的加深和现代金融市场的演进和发展，有效控制各种风险的方法也越来越多，各类风险也呈现出越来越强的可控性。

鉴于此，项目发起人和贷款银行应设立专门的风险部门对项目和贷款风险进行动态实时跟踪，对风险类别、风险强度和风险管控措施进行动态调控，确保项目和项目贷款风险得到有效控制。

第七节 矿山项目估值

在矿业企业商业银行贷款业务中，常常需要对矿山项目进行估值，尤其在矿山并购贷款业务中。矿山项目估值主要是指矿山资源资产和矿业权评估。

一、矿产资源资产和矿业权的特点

矿产资源是指一切非生物、非再生的自然资源，包括矿物燃料、金属和非金属矿物。这里对矿产资源的经济属性并未给予限定。矿产资源资产是一种资源性资产，属于有形资产，是经过地质勘查并达到工业利用要求的矿产资源资产。这部分矿产资源可作为生产要素投入到矿山生产经营活动中，实现增值，为其所有者和投资者带来收益。与其他资产相比，矿产资源资产有以下特点。

第一，人类只能认识、开发利用矿产资源，不能改变其自然属性，并且在开采加工过程中往往造成矿产资源质量的下降和数量的减少。

第二，矿产资源开采后不能再生。矿产资源采完之后即不复存在。这种不可再生性和耗竭性，使矿产资源成为有限的稀缺资源，从而对其价值评估产生影响。

第三，矿产资源资产虽然地质勘查达到了工业开发利用要求，但人们对其数量、质量、产状和相关因素的认识仍然具有相当程度的不确定性，这种不确定性使矿产资源资产投入生产经营具有较大风险性。不确定性和风险性给矿产资源资产评估工作增加了困难，并影响评估结果的可靠性。

第四，各种矿产资源资产因矿种不同，价值相差很大，即使同一矿种，因其质量（品位）不同，价值也有很大差别。同时，其价值还取决于相关的地质构造和矿产所在地的基础设施等众多十分复杂的因素，因此，资产评估工作甚为复杂。

第五，矿产资源属于全民或国家所有，任何单位和个人不能出售、购买矿产资源。

为了实现矿产资源的勘查、开采，国家依法和有偿授予某些单位"矿产资源使用权"，即授予矿业权人以探矿权、采矿权，并允许矿业权依法流转。这种矿业权具有资产的属性和特点，分为探矿权和采矿权。在我国，矿产资源归国家所有，矿业权赋予矿业权人的是矿产资源的使用权而非所有权，矿业权的转让也只是矿产资源使用权的转让。

二、矿产资源资产评估和矿业权评估的方法

矿产资源资产评估和矿业权评估（特别是采矿权和高精度勘查阶段探矿权的评估）在原理和方法上基本是一致的，必须依托于相应的矿产资源，主要取决于使用该矿产资源可能获得的收益。纵观国内外有关矿产资源资产和矿业权评估的文献资料，常用的采矿权的评估方法有收益现值法（又叫贴现现金流量法，DCF）或者可比销售法。可视地质勘查程度选用约当投资—贴现现金流量法、重置成本法、地勘加和法、地质要素评序法、联合风险勘查协议法或粗估法进行探矿权评估。本章重点对常用的收益现值法和可比销售法进行介绍。

（一）收益现值法

收益现值法又叫贴现现金流量法，即 DCF 法（Discounted Cash Flow），是国内外广泛采用的采矿权评估的基本方法。收益现值法之所以为国内外广泛应用，是因为收益现值法符合矿产资源资产的特点。

当我们对矿产资源资产进行评估时，这些"资产"仍然是埋藏在地下的矿产资源，只有当这些矿产资源未来被采出（多数还要进行加工）并被作为商品售出后，其价值才能最终实现和准确

算出。这个最终实现的价值,应该是我们评估时追求的目标,尽管我们还不能准确无误地求出它。为此,首先需要对作为评估对象的矿产资源资产进行实务评估(地质评估、技术评估),并在此基础上,模拟被评估对象未来开发利用的生产过程,预测全期间的投入产出和相关的主要经济参数,估算开发与生产期间各年的支出和收入,并以选定的折现率将其分别折现到规定的基准日,求得净现值,以该净现值作为被评估的矿产资源资产和采矿权的评估值。这就是收益现值法。

国际上,收益现值法得到广泛使用。由于采矿权是企业法人财产,属于企业资产,拥有采矿权意味着具备独立的、能够连续获得预期收益的能力,且资产未来的收益能够用货币计算,资产未来的收益包含风险收益等前提条件,所以采矿权评估可以使用收益现值法,但在具体应用上,由于采矿权的特殊性,在现金流量分析运用和采用参数上,与一般资产评估使用有所不同。收益现值法计算公式为:

$$\sum_{t=0}^{n} = \frac{A_t}{(1+r)^t}$$

这里,A_t 是 t(t 取值从 0 到 n,n 表示项目结束的时点)时点的项目现金流量,r 是年折现率或货币的时间价值。

在市场经济发达的国家,广泛应用资本资产定价模型(CAPM)预测资产的收益率,即年折现率 r,公式为:

$$E(R_j) = R_j + B_j[E(R_m) - R_j]$$

式中,$E(R_j)$ 为资产 j 的期望收益率,R_j 为无风险收益率,一般参考国债利率,B_j 为资产 j 的风险系数,由相关的风险估值系统计算得出，$E(R_m)$ 为市场预期收益率，由证券市场的统计资料获得。

在国内，由原中国国土资源经济研究院编写的《探矿权采矿权评估方法指南》推荐计算方法为：

$$W_p = \sum_{i=1}^{n} \left[(W_{ai} - W_{bi}) \times (1 + r)^{-i} \right]$$

式中，W_p 为采矿权或矿产资源资产估值，W_{ai} 为年利润额（$W_{ai} = E_{Pi} - S_{ji} - Y_{bi} - Y_{si} - Y_{qi}$，其中，$E_{Pi}$ 为年销售收入，S_{ji} 为年经营成本，Y_{bi} 为年资源补偿费，Y_{si} 为资源税，Y_{qi} 为其他税），W_{bi} 为社会平均收益额（$W_{bi} = E_{Pi}\delta$，δ 为社会销售收入平均利润率），r 为货币贴现率，i 为评估年限（$i = 1, 2, 3, \cdots, n$）。

总体来说，在应用收益现值法进行矿产资源或采矿权评估时，对于评估计算中现金流量的分析运用和折现率的方法以及各项参数的应用，国内外均有所不同，也还存在着较多的不同观点，有待从理论上进一步研究。

（二）可比销售法

可比销售法也称类比估价法，是以最近发生的具有类似环境和类似地质特征的矿业权交易为参考，通过比较和适当修正相关系数进行评估的方法，也是国际常见的矿业权评估方法。这种方法的前提是市场信息是充分的，在当时或近期市场交易中发生的类似环境和类似地质特征的矿业权应该具有类似的价格。类比可以是整个项目的或是矿量单价的类比，或者是其他有关经济参数的类比。在类比和参数调整的基础上，求得评估值。其一般计算公式为：

$$P = P_0 \times t \times q \times r \times k \times m \times n \times e$$

其中，P = 矿业权评估值，P_0 = 类比对象的矿业权市场成交价格，t = 产品价格调整系数，$q \times r$ = 储量、品位调整系数，$k \times m \times n$ = 开采条件、选冶条件、区位条件调整系数，e = 其他参数调整系数。

可比销售法具有强烈的市场特性。一方面，以类比和系统调整为主要内容的全部评估工作均以市场为依据和出发点；另一方面，评估结果的有效性和合理性要受到市场的检验和认可，即以市场为归宿。与其他评估方法相比，这种评估方法不需要模拟矿业权的价值具体形成和计算过程，而只是采用了可能为买主接受或市场认可的结果，因而相对简单、快捷、有效。由于可比销售法具有强烈的市场特性，因而这种方法的应用要求有比较成熟的矿业权交易市场和充分的市场信息。因此，这种方法在发达国家得到广泛应用。在国内，由于矿业权交易市场并不成熟，交易数量较少、参数可比性差、交易隐蔽性强、信息采集困难等因素限制了可比销售法的实际应用。

在国际矿权交易中，由于银行特有的风险偏好，一般情况下，探矿权交易很难得到银行贷款。因此，针对探矿权的评估方法在此不再一一赘述。有兴趣的读者可参考《探矿权采矿权评估管理暂行办法》，其中提到探矿权评估可视地质勘查程度选用约当投资—贴现现金流量法、地勘加和法、重置成本法、地质要素评序法、联合风险勘查协议法或者粗估法等评估方法。

第八节　矿业项目评估中的财务模型

上面已讲过，项目融资是矿山项目贷款中常用的一种非常重要的融资形式。矿业项目融资的特点是以项目本身的还贷能力为基础筹措资金，对项目股东一般采取无追索或有限追索的方式，因此贷款银行在决定是否贷款时就要通过对项目的融资模型进行研究，结合对项目外部宏观经济环境和项目自身税务结构安排、融资结构设计、项目发起方资信实力、项目管理者经验和素质等因素的综合分析，确定项目现金流能否偿还银行的债务。银行只有在项目的融资模型被证明可行的前提下，才会考虑为项目提供条件适宜的贷款资金。在贷款银行与项目发起人谈判确定模型之后，模型被改造成贷款人基础模型。贷款银行模型审计师的任务是检查模型的准确性和完整性，以确保模型结构的合理性，要求模型输入的所有数据是正确的，所使用的公式反映了项目文件要求，一旦模型审计师完成检查，模型的作用从贷款人的项目评估工具变成了贷款人代理银行的工具，贷款人同代理银行使用模型来检测和报告项目的建设进展，并在运营期保证符合贷款文本的有关要求。由此可见，矿业项目融资中，财务模型非常重要，既可作为融资决策的工具，也可作为贷后管理的好帮手，值得银行相关人员认真学习并掌握。

项目财务模型是项目参与方使用计算机建立起来的，用来模拟现实中项目假设和主要评判指标之间量化关系的重要工具。基于计算机表格的财务模型采用贴现现金流分析方法（discounted cash flow，简称 DCF）。对设计合理的财务模型进行敏感性分析，即根据输入的一系列假设数据，计算并输出相应的结果。

一、财务模型工作表

最常见的财务模型结构是贴现现金流模型（DCF based model）。财务模型包含预测投资项目的基本报表（资产负债表、损益表、现金流量表等）所需要的所有信息和假设。财务模型一般建立在一套由多个表格组成的复合表格中。各单一表格和总表格都可以建立相应的名称，并可以在整套表格内建立不同数据之间的引用关系。财务模型一般由三个部分组成：数据输入工作表、模型计算工作表以及数据输出工作表。

（一）数据输入工作表

数据输入工作表包括基本的项目财务信息，如项目融资、建设和运营的时间表，经济方面的假设，技术数据，资本投资和运营成本等。输入数据还包括一些与债务相关的假设，如贷款金额、期限、宽限期、利率、贷款种类、还款结构和费用等。除此之外，财务模型的其他输入数据中还包括与税收相关的规定和数据、流动资本和储备账户等方面的指标。

（二）模型计算工作表

模型计算工作表通常包括以下七方面内容：

第一，经济预测工作表。该表通常利用年度通货膨胀和汇率数据来预测和调整有产品包销合同的项目收益或将财务报表从当地货币换算成外币。财务模型在这方面的预测指标涵盖：外国通货膨胀指数（FII）、当地通货膨胀指数（LII）、项目生命周期内的汇率预测等。

第二，资金来源和使用工作表。资金使用包括项目成本的各种构成及其发生时间，资金来源包括估计的项目债务资金和股本资金的提取方式。根据资金来源和使用情况可以计算建设期的利息、承诺费、其他融资费用等。

第三，运营和维护成本及费用表。这些成本包括：固定运营和维护成本及费用，如特许权使用费、人工工资、租金、固定维护成本、备件、保险费用、杂费和管理费用等；变动运营和维护成本及费用，如雇用人工成本、维修和维护、电力、各种资源输入以及项目购买的公共工程和基础设施服务。

第四，拥有包销合同的项目收益。

第五，市场风险型项目的收益。市场风险型项目收益数据包括需求增长假设、单位价格调整假设、收入预测。

第六，贷款偿还。贷款偿还方式包括年金方式和等额还本方式。

第七，其他计算，具体包括计算损益表中的折旧、计算流动资金（即流动资产与流动负债的差额）、计算偿债储备账户（DSRA）和计算大修储备账户（MMRA）。

（三）数据输出工作表

数据输出工作表主要包括两大类，第一，格式财务报表，如资产负债表、损益表、现金流量表等；第二，各种比率，包括但不限于偿债比率、盈利比率等。根据项目的不同，偿债比率包括项目生命期覆盖率（PLCR）、贷款期偿债覆盖率（LLCR）、借款覆盖率（DCR）、历史偿债覆盖率（HDSCR）以及预计偿债覆盖率（RCR）。由于项目融资贷款是以项目的现金流量为基础的，因此，现金流量表是各方关注的重点。

二、项目贷款人对财务模型的使用

（一）使用财务模型进行初步尽职调查

在矿业项目国际银团贷款业务中，模型银行负责财务模型的管理工作。其主要任务是将发起人提供的项目财务模型改造和演化成贷款人需要的基本模型，以用于银行的尽职调查和贷款评估工作。模型银行的模型专家将和项目其他受聘专家一起，对财务模型的输入数据和计算工作表进行修改，计算贷款谈判结果对模型输出的影响，进行敏感性分析，与模型审计人员一起检验模型公式的正确性。项目建设和运营阶段的模型银行一般为项目贷款时的贷款人间代理银行的候选人。

一旦尽职调查开始，模型银行就需要开始将发起人的模型改造成贷款人基础模型。尽管模型改造的目的是由原来的发起人服务转变为贷款人服务，但模型银行须同意与发起人共同控制改造工作中输入和输出数据的修改。这项工作开始时需要审查模型的结构，检查模型输入数据的准确性，计算工作表中模型公式的完整性、贷款方式假设以及模型可能提供的输出结果；这一过程的关键是决定如何修改模型的结构，如何增加模型的输出功能，以便能利用模型来支持相关的谈判并完成项目的贷款评审。

模型银行重点关注下列与贷款安排相关的假设：

第一，贷款承诺。项目融资财务模型计算的贷款承诺金额包括贷款本金和建设期的滚动利息。

第二，资金支付计划。项目融资的贷款是多次提取的贷款，每次提款都与建设期内具体日期的资金需求相挂钩，模型银行会对支付的计划内含的假设进行检查。根据项目的工程总承包（EPC）合同确保项目实体在需要的时间获得所需要的贷款金额。资金支付计划中应考虑项目实体给予银行一定的时间，一般 20 天提款通知，以便贷款银行安排资金。

第三，还款计划。模型银行应确保贷款的偿还结构、宽限期、最后到期时间以及平均的贷款期限符合银行自身的内部规定。

第四，利息和费用。利息一般是以半年为期间复利计算，项目运营 6 个月后开始第一次还款。利息和费用的水平应该和市场上可比项目的有关指标相一致。模型利率是指年利率，而且一年的计息时间是 360 天，而不是 365 天。

第五，与利息保值相关的假设。模型银行的一个重要工作就是将项目的利率结构定为固定利率，并预测相关的利率掉期成本。模型预测的利率掉期成本包括三个组成部分：远期价格、交易成本和资信风险溢价。其中，资信风险溢价是补偿利率掉期对方银行的执行风险。根据市场的行情、发起人的资信情况及其对项目实体的资信支持,上述资信溢价的波动范围为15—70基点,即0.15%—0.7%。

第六,数据更新。在尽职调查期间,财务模型的一些假设可以根据技术顾问的建议以及相关因素的变化进行修正。其中,前者需要修正的数据包括项目成本、项目实体的资本结构和收入预测(如果原来的收入预测过于乐观)以及计算工作表中的错误公式等;后者需要修正的数据包括与贷款相关的费用、利率及掉期成本等(如果项目收益成长过快或过慢),或者是与国际、国内通货膨胀和汇率变化相关的经济假设(如果经济变量变化的速度比发起人预测的速度过快或过慢)。

第七,敏感性测试。作为尽职调查的组成部分,模型银行将进行一系列的敏感性测试,目的是测试在假设一些或全部对贷款有负面影响的因素发生时,偿债比率指标的变化。每个项目都是不同的,都具有自己的风险,一般项目所面临的风险如下:成本超支,工程总承包(EPC)合同中的延迟和基于表现的违约支付(LD_s)的合理性,在融资关闭前短期利率或远期收益曲线上升,营运成本的突然升高,不可抗力造成的建设和运营中断。

第八,合同补充因素。模型银行负责对模型输入的数据进行调整,并及时反映有关谈判的最新进展。贷款人要和项目实体管理层以及项目发起人进行一系列的会谈来解决与模型相关的量化事宜。这些谈判的目的是,要就直接或间接影响模型结果的具体事宜达成一致,其中包括:项目资本结构、贷款方式、成本超支对策、关于贷款人宣布违约事件（EOD）发生以及借款人分红的有关量化条款。

（二）使用财务模型支撑谈判

财务模型是贷款人和发起人谈判项目资本结构、贷款方式、成本超支对策以及量化条款时的重要工具和技术支撑。下面将展开进行介绍。

1. 评估项目资本结构

贷款人非常关心项目总资本需求以及债务在其中的占比。贷款银行一般需要从项目雇用的独立工程专家、市场专家、法律专家那里得到必要的专业支持。银行需要工程专家帮助了解项目的资金使用是否合理，工程专家和法律顾问需要详细研究和评估项目的产品包销合同以及该合同是不是强有力的。如果项目没有获得产品包销合同，即项目的产品销售具有完全市场风险时，贷款银行需要聘请市场研究专家对产品市场进行全面的研究。工程、市场和法律信息的获取可以帮助贷款银行进行项目的现金流分析，并就项目的最佳资本结构得出合理的判断。

贷款人和发起人之间就项目的资本结构展开谈判，一般有四步工作：第一步，双方对项目成本进行详细研究；第二步，贷款人评估项目的借款能力；第三步，贷款人同意贷款的金额以及相应的主要条款；第四步，贷款人与发起人就其需要注入的股本资金额展开谈判。

首先，贷款人仔细审查独立工程师对项目成本的意见，审查法律顾问和独立工程师对于工程总承包（EPC）合同和包销协议的意见，审查市场专家对项目产品、服务市场前景的意见等。贷款人比较偏爱成本可靠的项目（与最近执行类似条件的项目进行比较）以及工程总承包（EPC）合同（签约方财务状况良好可以避免完工和市场风险）和包销协议安排较好的项目。在这种情况下，对不同情景下的项目成本预测、资金需求、运营收益和费用的考虑都比较可靠。具有产品价格风险的项目，如果没有包销协议规定，按当时市场价格购买一定的数量，而且生产成本与竞争项目相比显得较低，且有保值手段管理项目收益的不确定性等，那么这种项目也是可以进行融资的。当然，贷款人也会考虑没有包销协议的项目，有些情况下完全市场风险项目也具有一定的吸引力，但却很难进行评估。

其次，模型银行代表其他贷款人计算项目可以承受的最高级贷款金额。计算方法是拿贷款期内的全部偿债现金流（CADS）的现值（PV）作为分子，市场上可比项目的贷款期覆盖率（LLCR）作为分母，计算的焦点是如何就项目贷款期内的偿债现金流的预测达成一致意见。一旦对每个计算期间（半年或一年）的偿债现金流量达成一致，模型银行就可以使用一定的贴现率对这一连串的现金流量进行贴现求出现值，其中贴现率的计算是取项目贷款方案中所有贷款成本的加权平均值。如果工程总承包商资信良好并有包销合同，没有市场和交叉汇率风险，此时市场上要求的贷款期覆盖率较低，比如 1.20—1.30；对于有产品包销合同，无需求风险但有价格风险的项目而言，贷款银行可能要求项目的 LLCR 不低于 1.30—1.38；但一个项目同时具有市场风险和交叉汇率风险，则 LLCR 要求就要高一些，比如 1.75—2.00。一般来说，高风险的项目需要较乐观的销售预测来保证获得相应的债务资金。

再次，贷款人就高级贷款人可以提供的贷款金额达成一致意见，这一步工作需要召开贷款人内部会议来解决。模型银行会根据模型运算给出结论和建议，其他贷款人会提出各种意见并就项目可以筹集的高级债务金额达成一致意见。从项目总成本中减去债务资金后就可以得出股本金额，该结论会传达给项目发起人。

最后，贷款人与发起人就发起人需要注入的股本金额展开谈判，这是贷款人、发起人、借款人管理层开会讨论的重点之一。从发起人自身的角度来说，自然希望注入尽可能少的股本资金，希望以此来提高项目投资的内部收益率。在项目融资的情况下，尽可能少、尽可能晚地注入资本金，可以在项目出现不利的情况时减少发起人的投资风险。与发起人相反，贷款人希望项目的资本结构坚实有力，能对项目的经济性形成强大的支撑以保证贷款的安全回收。在与发起人进行谈判的过程中，贷款人非常关注有关项目收入预测、成本费用、偿债现金流量、前期费用、利率和掉期成本、贴现率以及计算项目借款能力使用的贷款期覆盖率指标。有关这些问题的谈判往往耗时耗力。一般情况下，贷款人在谈判中能占上风，因为他们提供了项目需要的大部分资金。

项目发起人一般在项目能引起次级贷款人兴趣的情况下可以说服贷款人同意他们注入较低比例的股本资金。一般来说，如果次级贷款人提供准贷款资金的条件能保证在项目运营出现问题时其权益的保证排在高级贷款人之后,那么这时发起人要求减少股本资金注入的主张还是有说服力的。因此,高级贷款人对此事的态度与发起人寻找次级贷款的贷款条件密切相关。

上述的谈判完成之后,模型银行将及时更新财务模型以反映双方达成一致的项目资本结构、项目投资、运营成本和运营收益状况。更新后的模型反映了贷款人关于融资成本的假设,其中包括利率掉期的成本以及其他保值措施的成本。利率掉期和保值对于保护项目不受利率波动的影响具有重要的意义。

2. 确定贷款方式

贷款人利用财务模型作为支撑与发起人就项目的贷款方式进行谈判时,主要涉及提款期、首次还款日、宽限期、贷款最后到期日、还款计划、首次提款前的股本注入比例以及接下来的股本注入安排等。这些谈判都需要模型银行利用财务模型进行技术支撑和分析。

(1) 提款期的谈判。提款期处于共同条款协议(Common Terms Agreement,简称CTA)规定的项目融资关闭和在工程总承包(EPC)合同条件下项目的预计建成日之间。提款期结束时完工的项目将由工程总承包商转交项目实体。从合同的角度看,项目预计运营时间和项目的移交时间相差不大。如果项目不能按时运营和移交将带来承包商违约;如果项目在合同规定的开工日后的6个月内仍不能正常运转,有关方面有权宣布违约。6个月的时间内项目承包商将和发起人一起来研究解决项目完工时出现的意外问题。

不仅如此，如果设施在日程表规定的开工日不能通过开工测试，从工程总承包（EPC）合同规定的违约之日起的6个月内，要通过工程总承包（EPC）合同的损失补偿条款，来补偿由于延误而造成的财务损失；超过6个月，由特许权协议或总购买协议来解决违约问题。如果设施不能令人满意地完工，按照工程总承包（EPC）合同，发起人就有权放弃安装。通过双方各自保留权利，发起人的这种能力受到贷款人的严格控制。保留权利是指特殊的贷款条件，例如，如果管理者没有来自贷款人的事先许可，项目实体在项目合同条款下的某些权利是不能独立实施的。关于保留权利的实施，贷款人可以延长提款期到授权机构宣布违约事件发生。

项目的贷款人希望将提款期限定在融资关闭到计划的项目运营移交日。提款期越短，贷款人对项目的控制也就越严格，因为提款期越短，项目首次还款日期发生越早。一般情况下，项目还款期的决定体现了发起人和贷款人双方的意愿。有关提款期的决定参见图3-1。

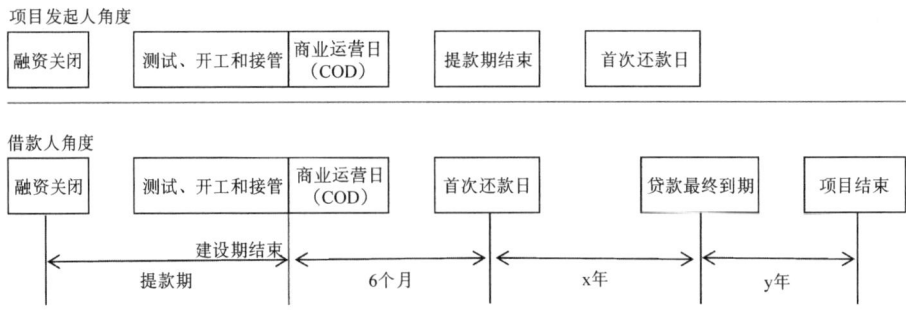

图3-1 项目还款期示意图

（2）商定首次还款日。首次还款日是指项目的第一个还款日期。根据贷款条件的不同，首次还款包括还本、还息或只还息不还本。项目贷款人一般希望项目在运营和移交后的 6 个月内就开始还款。项目发起人则希望还款时间来得晚一点，以适应行业周期的波动。对于有产品包销协议的项目来说，一般是根据提供的服务按月进行收费，其做法是，规定项目实体在提供服务后的下一个月 15 日将发票提交产品包销商进行收费。由于相关的文本一般规定包销商有 30—45 天的时间来处理发票和支付款项，这样就有可能导致 2 个月的时间浪费，也就是说，有可能项目实体运营了 6 个月，但只收了 4 个月的服务费。因此，第一个半年的收费往往不足以用来还款，但也会因为偿债备付率（DSCR）指标过低而有可能导致违约事件的发生。

解决上述问题有两个途径：一个是推迟第一个还款日到项目开始运营和移交后的第 8 个月，但这样会增加贷款人的资金承诺，因为有 2 个月的利息滚动；还有一个解决办法就是，在第一个还款期只还息不还本。这两种办法实质上都延长了项目宽限期。

（3）决定是否需要贷款宽限期。贷款期和本金偿还计划可以出于以下不同的考虑：对建设期的提款方式进行调整来满足工程总承包（EPC）合同及其他项目成本支出的要求，包括项目首批流动资金的注入。如果工程总承包（EPC）合同和其他支出要求每月进行还款，而贷款银行坚持每年的提款次数不能超过 4 次，这时只有双方达成妥协才行。过于频繁地支付款项会给银行带来过多和不必要的工作量，而较少地支付款项则会给银行带来较多的滚动利息收入。

贷款人可以根据项目的现金流情况对贷款的偿还方式进行调整，但会受到以下一些限制：

首先，贷款人在延长贷款的最后到期日方面受到很大的限制。对于一个具体的项目来说，其最长的融资期间或贷款期在某种情况下是一定的。一般是将项目贷款的开始日定为项目融资关闭日，不管在融资关闭日提款动作有没有真正发生。贷款期一直持续到最后一笔贷款还清为止。对于没有产品包销合同的项目来说，对贷款期长短的限制更大。期限限制对不同资信和主权评级国家的项目也有所不同。

其次，关于最长贷款宽限期的政策限制。项目融资中有两种宽限期：对典型的贷款协议来说，项目的建设期被定义为项目的宽限期，宽限期内既不还本也不付息，此期间的利息累计滚动后进入项目的总成本中。有时贷款人也为项目提供第二个严格限制的、完工期后的宽限期，用来短期内减少借款人的还本压力。此宽限期内，项目实体可以在1—2个半年还款期内只付息不还本，从而减轻还款对项目早期现金流量产生的压力，同时利息的偿还也减少了银行因利息滚动而间接增加贷款量所导致的更多的风险暴露。在实际工作中，贷款人对这两种宽限期都要加以限制。一般银行的内部规定是，如果项目的建设期超过3年，则不能提供相应的调整，也不能在项目开工后提供相应的宽限期。银行这样规定的目的是确保只有最好的项目或市场销售最有可预见性的项目才能获得贷款。如果要在贷款文本中安排宽限期，贷款人需要就此与发起人谈判。

再次，有些银行使用平均贷款期这一政策限制指标。这一指标计算每一期本金还款的平均期限。对有些银行来说，贷款的平均期限低于某一平均值是可以接受的，高了则难以接受。

最后，有些银行限制使用诸如跳跃还款等调整还款现金流的方式来适应项目可能在某些时段出现的现金流短缺；或限制采用逐步递增还款本金方式（ascending principal payments）来适应项目早期较弱的运营现金流量；或限制采用递减还款本金方式（descending principal payments）来适应某些资源逐步耗竭、收益逐年下降的资产的融资行为。这些限制都使项目还款的安排很难与项目的运营现金流很好地结合起来。

（4）商定首次提款前股本金注入的比例。首次提款前股本金注入的比例规定了贷款人允许项目实体开始提款前项目发起人必须注入的股本金比例。一般这一比例为全额资本金的30%—40%。这一安排是想使项目发起人在提款前投入一定的资金，以显示对项目的信心，并使贷款人相信他不会中途抛弃项目，并有动力将项目进行到底。

（5）限制剩余股本金的提取速度。在项目实体符合提款先决条件（CP）的规定后，提款人要求项目实体在每次提款的同时也必须提取相应的股本资金。如果发起人注入的首批股本资金是贷款先决条件的组成部分之一，贷款人就会要求其余的股本资金必须以双方接受的固定时间表注入项目实体。

假设项目的资本结构为70∶30，总投资为1亿元，在提款先决条件符合后，项目实体提取7000万元的债务资金，发起人注入3000万元的股本资金。项目发起人在首次提款前注入40%即1200万元的股本资金，发起人就会要求剩余股本和项目债务的支取保持18∶70的比例，即债务股本的比例为70∶18，这种股本支取方式对发起人特别有利，因为在其他条件不变的情况下，股本金注入速度的减缓可提高项目的投资回报。相反，贷款人则坚持贷款和股本注入的比例始终保持在70∶30，一直到项目股本金全部注入公司。这样做加快了股本金注入的步伐，在降低发起人投资回报的同时，增加了贷款人的资金安全系数。

3. 帮助确定成本超支的对策

成本超支风险规避主要取决于项目发起人在项目建设期内提供股东支持的程度和时间以及在没有完全完工担保情况下的备用股本资金注入。发起人支持的程度主要表现在发起人是否在项目的建设期内以完工担保或备用股本融资的方式提供了完全的资信增级（credit enhancement）。发起人成本超支的大小和时间安排，主要是由项目风险的大小、财务模型计算的结果以及双方的谈判结果来确定的。一般情况下，如果下列任何一种情况出现，发起人将提供完全完工担保：第一，项目建设中存在严重的环境和技术风险；第二，技术和设备在此前从未使用过，且设备厂商不对设备的运营提供担保；第三，工程总承包商承包的业务超过了其最佳承受能力，或正承受严重的风险；第四，项目没有包销合同；第五，项目建设场地在建设期存在潜在的环境或文物保护风险，而工程总承包商不愿意承担相应的责任和工作；第六，在项目东道国有相当高比例的项目不能按期完工。

如果没有上述情况出现，贷款人对备用股本融资的要求就比较宽松。通常有关最佳备用股本水平的谈判非常耗时耗力，该问题的解决一般需要模型银行使用贴现现金流或蒙特卡罗分析来完成。决定股东支持时间的因素是发起人就项目完工或提供备用股本支持的义务终止，一般发生在项目完工日，这时所有的技术、财务要求都已满足。

4. 使条款量化

当资本结构和贷款方式确定下来之后，模型银行接下来的工作就是调整相应的假设以保证项目的一些偿债指标如历史偿债覆盖率、预计偿债覆盖率、贷款期偿债覆盖率都处在一个可以接受的水平以上。如果还款期超过15年，那么在贷款期内的任何一个还款日的历史偿债覆盖率、预计偿债覆盖率和贷款期偿债覆盖率水平必须能被贷款银行的内部审批部门所接受。

项目发起人关心的一个非常重要的问题是贷款银行在什么条件下可以宣布停止股利发放或导致违约。一般情况下，贷款期分红主要看以下条件是不是得到满足：第一，项目按时完工；第二，没有违约发生或将要发生；第三，首次本金偿还完成；第四，前两次还款的历史偿债覆盖率（HDSCR）比双方达成一致的最低水平要高（最低水平根据项目类型有所变化，但很少低于1.2）；第五，接下来两次还款的预计偿债覆盖率（PDSCR）比双方达成一致的最低水平要高（最低水平根据项目类型有所变化，但很少低于1.2）；第六，偿债储备账户和大修储备账户的资金已经注满。

由于上述分红的条件已经相当标准化，项目实体或发起人可能无力通过谈判来进行修改。他们一般都追求将历史偿债覆盖率和预计偿债覆盖率定义得对自己更加有利。贷款人和发起人谈判的一个关键问题是如何定义偿债现金流量（CADS）。贷款人和发起人对CADS的定义不同，代表了他们各自不同的立场。从贷款人的立场看，CADS等于收入减去期间所有的费用；从发起人的立场看，CADS等于收入减去期间所有的费用，再加上期初流动账户现金余额与期初储备账户余额之和。

从上面的计算可以看出，CADS的计算可以包括或不包括现金余额。发起人认为在计算CADS时必须加入现金余额，从而使CADS的值增大来提高各项指标。加入现金余额的计算结果可以使项目实体更加容易满足分发股利的偿债覆盖率（DSCR）标准；贷款人可能认为加入现金成分来预测DSCR会掩盖严重的问题。如果贷款人的标准被接受，项目满足分红的标准要难得多。问题的解决有时要看双方的谈判能力，但无论哪一种标准被采纳，结果都将体现在贷款人的财务模型中，并用来监督和跟踪项目的运营，特别是项目的股利分配。如果项目不能把HDSCR和PDSCR保持在一定的水平之上，贷款人将有权宣布贷款违约。在实务中，违约标准一般规定在1.0以上，并根据所融资项目的不同而不同。

（三）使用财务模型跟踪项目的运营

使用财务模型跟踪项目的运营主要包括建设期和运营期，具体介绍如下：

1. 建设期

建设期是指从融资关闭到首次本金偿还之间的时期。在建设期由贷款人间代理银行负责财务模型的维护工作和有关记录，包括各方的债务和股本资金注入以及所有项目成本的发生。项目成本包括项目开发和建设成本。所有融资成本包括前期费用、套期保值成本、储备账户的资金注入、贷款发放的滚动利息。

贷款人间代理银行将和独立工程师合作，检查项目建设的每一个阶段，寻找可能出现问题的迹象，特别需要引起关注的是可能导致成本超支事件的发生。一旦有不利的情况发生，贷款人间代理银行将及时利用模型评估其对 HDSCR、PDSCR 和 LLCR 的影响。如果成本超支的金额巨大且会对这些偿债指标造成严重的负面影响，贷款人就会依据相应的条款宣布贷款违约。

2. 运营期

项目运营期是指项目建成开工一直到产品包销协议或项目专营权协议结束为止的时期。项目运营期与贷款还款期在时间上是有重复和交叉的，贷款偿还期是指从贷款首次还本到贷款全部还清为止的时期。在项目运营期间，贷款人间代理银行将与项目实体管理层一起在每一个还款日计算项目的 HDSCR、PDSCR 和 LLCR 指标。这样做的目的是保证项目在按计划还款后才能进行相应的股利分配。

财务模型在运营期间的其他用途还包括评估项目实体递交的年度经营预算方案，防止不合适的经营预算对项目还款能力造成不利影响。项目实体在运营期间（有时在项目建设期）利用财务模型来就产品的定价水平展开谈判。如果项目签订了产品包销合同，但政府公布了相关法律，实施了更严格的排放标准，将会给项目的运营带来额外的成本。这时，项目实体就会和政府有关部门以及包销商（offtaker）一起利用项目的财务模型来计算和分析法律变化对项目成本的影响，项目可能要因此提高产品的销售价格来弥补额外减排设备投资的支出。

三、矿业项目融资财务模型实例

某铁矿项目融资的财务模型（Base Case Financial Model，简称 BCFM）由项目发起人（sponsors）的财务顾问公司（financial advisor）准备，并由高级贷款行（senior lenders）的模型审计专家审核制定，分为基础情景（base case）和敏感情景（sensitive case）两种情况。除此之外，高级贷款银行还雇用了独立顾问（independent consultant）对财务模型的主要假设提供独立意见，如独立顾问意见与项目管理层预测有分歧，以独立顾问意见为准。具体介绍如下。

（一）数据输入工作表

数据输入工作表包括所有矿山寿命期计划假设条件（life of mine plan assumptions），主要包括七大类。

第一，时间表假设。时间表假设列出了项目融资、建设和运营的主要里程碑事件的预测时间。详情见表 3-3。

表3-3　　　　　　　　　　　时间表假设

里程碑事件	时间
融资关闭（financial close）	2013年×月×日
首次贷款提款日（first facility drawing）	2014年×月×日
首次铁矿运出日（first ore on ship）	2015年×月×日
实际完工日（practical completion）	2015年×月×日
贷方完成日（lender's completion date）	2018年×月×日
初次还款日（first repayment date）	2018年×月×日
最后还款日（final scheduled repayment date）	2024年×月×日

第二，产品质量、生产和销售假设。产品质量、生产和销售假设列出了与铁矿储量（reserve）生产和销售相关的假设。详情见表3-4。

表3-4　　　　　　　　产品质量、生产和销售假设

编号	假设内容
假设1	该矿山生产所需探明和推断的资源量（measured & indicated resources）为××吨
假设2	贷款到期日生产已耗探明和推断的资源量××吨，仍剩该资源量××吨，占原矿总资源量的××%
假设3	调试达产（ramp up）后矿山寿命期选厂（processing plant）年处理原矿××吨（千吨）。矿山寿命期总处理量××千吨
假设4	矿山寿命期块矿（lump）生产占比××%
假设5	选厂回收率（recovering rate）××%，其中块矿（lump）回收率××%，粉矿（fine）回收率××%
假设6	选厂水份（moisture content），块矿水份为××%，粉矿水份为××%
假设7	原矿维持库存（ROM stock）为平均××吨
假设8	初次产矿日（first ore production date）

续表

编号	假设内容
假设 9	从首次铁矿运出日（FOOS）调试达产（ramp up）所需时间××日
假设 10	达产后预计每年生产量××吨，矿山寿命期总产量××吨
假设 11	铁路预计每年运输块矿××湿吨，粉矿××湿吨
假设 12	达产后预计每年运出量××湿吨块矿，××湿吨粉矿
假设 13	矿山寿命期预计运出总量块矿××湿吨，占比41%，粉矿××湿吨，占比59%

第三，资本支出假设，详情见表3-5。

表 3-5　　　　　　　　资本支出假设

编号	假设内容
假设 1	截至实际完工日，项目名义建设成本（construction cost）预计为××美元，截至贷方完成日，项目建设成本为××美元，××%的成本是在主工程总承包（EPC）合同下产生的
假设 2	资本支出为名义资本支出，根据一个增长因素，按照资本支出的类别增长，假设中各项均超 CPI
假设 3	每月项目资本支出情况详图（图略）

第四，经济方面假设。经济方面假设又分为利率、汇率、税率假设（详情见表3-6）；铁矿基准价格假设（包括块矿和粉矿价格假设，该假设均由高级贷款银行市场顾问提供，并根据市场惯例考虑到各种不同的因素，如铁矿品位、铁矿化学成分和运费进行计算，并且铁矿基准价格假设为到岸价）；由高级贷款银行市场顾问提供的澳元兑美元外汇价格假设以及基础情景下的增长假设（详情见表3-7）。

表 3-6　　利率、汇率、税率假设

类型	时期
美元基础利率（USD base rate）	建设期　30 天 US – LIBOR 运营期　90 天 US – LIBOR
澳元基础利率（AUD base rate）	建设期　1 个月 Bank Bill Rate 运营期　3 个月 Bank Bill Rate
人民币基础利率（CNH base rate）	建设期　1 个月 CNH 运营期　3 个月 CNH
汇率（FX rate）	建设期　现汇（Spot） 30 天 运营期　90 天
公司税率（corporate tax rate）	30%

表 3-7　　基础情景下增长假设

类别	增长率	资料来源
资本支出		
矿山、选厂、铁路、港口	××% 每年	管理层估算
基础设施	××% 每年	管理层估算
采矿部分 AUD	××% 每年	建设合同
采矿部分 USD	××% 每年	建设合同
采矿部分 JPY	××% 每年	建设合同
选矿厂	××% 每季	建设合同
运营支出		
可变：矿山、选厂、铁路、港口	××% 每年	管理层估算
固定：矿山、选厂、铁路、港口	××% 每年	管理层估算
收益	××% 每年	CRU

第五，债务结构方面假设（debt structure）。

第六，项目财务方面的假设，具体包括如下假设：假设项目发起人承诺投入股本金××美元（优先使用于项目建设中），假设对外汇风险将进行保值，假设对汇率风险不进行保值以及对融资成本资本化、贷款年限、还款计划和平均贷款期的假设。

第七，税务方面的假设，具体包括矿业资源租金税（MRRT）假设、所得税（income tax）假设和折旧与摊销假设。

（二）数据输出工作表

数据输出工作表主要包括：第一，基础情景项目收益预测（revenue）和运营支出（OpEx）；第二，基础情景项目现金流（CFADS）和债务偿还（debt repayment）预测；第三，偿债比率（debt ratio），具体见表3-8；第四，盈利比率，包括项目的净现值（NPV）、项目的内部收益率（IRR）、回收期（payback period）、资产回报率（ROA）和股东回报率（ROE）。

表3-8　　　　　　　　　　　偿债比率

偿债比率名称	偿债比率名称英文缩写
项目生命周期覆盖率	PLCR
贷款期偿债覆盖率	LLCR
偿债覆盖率	DSCR
项目可承受最高贷款比例	Debt Sizing Gearing Ratio

（三）敏感性分析

财务模型提供了盈亏平衡状态（breakeven scenario）和不利状况（downside）下的敏感性分析（sensitivity analysis）情况。盈亏平衡分析假设为基础情景下以含铁62%铁矿指数价来计算，当平均偿债覆盖率为1∶0时，盈亏平衡点为××美元/千吨到岸价（CFR）。不利状况敏感分析（downside scenario）主要基于表 3-9 的假设而进行。

表 3-9　　　　　　　　　不利状况敏感分析假设情景

假设情景	数值
资本支出提高	+10%
建设工期延迟	+6 个月
汇率变动	澳元升值 +10c
铁矿价格下跌	-10%
产量下降	-5%
运营成本提高	+10%
利率上调	+2%
选厂回收率下降	-5%
块矿比下降	-5%
含铁品位下降	-0.5%

通过对不利敏感状态下各种不利变化参数的模型分析计算，得出数据输出工作表所要求计算的各项指标，并根据分析判断其对项目投资开发回报的影响是否在项目发起人、贷款人可以接受的范围内。

第四章 矿业国际银团贷款实例

第四章 矿业国际银团贷款实例

本章汇编了笔者近年来组织和参与的一些具有代表性、示范性和一定行业影响力的国际矿业银团贷款实例，涉及不同矿种、不同融资类型，其中既有中资海外项目银团贷款，也有国际矿业公司银团贷款。笔者对这些典型案例进行了提炼总结，并加入少许评鉴，以期对实际业务操作具有直接参考价值。

第一节 境外大型铁矿客户流动资金国际银团贷款

某境外集团公司是全球第四大铁矿石生产企业，年产铁矿1.8亿吨。其产品绝大部分出口中国，管理层对华友好。中国工商银行（以下简称工行）驻当地分行自2011年开行以来，积极扶持该企业集团，建立了良好的银企关系，成为该集团首选合作银行之一，也是与其开展全面合作的主要中资银行。

2017年10月，该集团公司为进一步降低财务成本，优化资金结构，邀请工行牵头为其筹组10亿美元国际银团贷款。工行驻当地分行接到融资申请之后，审时度势，决定抓住历史机遇，全力为境外优质客户筹组大型国际银团贷款。经过不懈努力，最终为客户成功组织14亿美元的银团贷款。

该银团贷款项目的成功筹组提高了我国金融机构在国际同业市场上的影响力，扩大了工行在资源银行业务方面的全球影响力，为我国金融机构牵头矿业大型国际银团贷款树立了良好的典范，获得了宝贵的经验。该银团贷款的成功不仅给工行带来良好的经济收益，而且为日后再次获邀为该客户筹组新的银团贷款奠定了良好的基础。

一、银团筹组过程

获知该集团贷款意愿后，工行驻当地分行立即成立工作团队，联合当地主流银行 A 行与该集团就贷款主要条件进行沟通，于 2018 年 1 月成功签署了《银团贷款委托书》和《贷款条件书》，锁定了贷款条件和工行牵头行地位（coordinating mandated lead arranger and bookrunner）。

工行驻当地分行与 A 行分工协作，制订银团筹组策略，完成了银团贷款邀请函、中英文信息备忘录等分销基础文件。国内分销中，工行采取"一对一"推介和大型路演相结合等方式，联合 A 行与借款人一同向潜在参团银行介绍项目情况，解答项目问题，确保了国内分销的成功。同时，工行驻当地分行积极配合 A 行进行国际营销活动，进行项目推介，最终保证了多家国际银行的踊跃参加，确保了银团分销成功。

与此同时，工行驻当地分行工作团队会同 A 行与该集团客户就《融资协议》等主要协议展开谈判，最终与借款人就文本内容达成一致，于 2018 年 2 月签署协议，2018 年 3 月放款。

本案例的银团贷款交易结构如表 4-1 所示。

表 4-1　　　　　　　　案例一银团贷款交易结构

构成要素	具体内容
借款人	×××（项目公司）
牵头行	中国工商银行
联合牵头行	A 行
银团贷款金额	14 亿美元
银团贷款期限	4 年 +1 年借方延期选择权
银团贷款用途	流动资金
担保方式	集团资产担保
本金偿还	1% 每年
提前还款	借方选择权
参与银行	10 家银行（4 家中资、6 家外资）
签约时间	2018 年 2 月
提款时间	2018 年 3 月

二、案例评鉴

第一，工行主导，外资当地行配合，境内外多家银行参团，在当地及全球资源行业影响大。本笔银团贷款是由中资银行牵头主导的，为当地外资龙头企业筹组的国际银团，除工行外共有 9 家境内外银行参加。原计划筹组 10 亿美元，最终实际筹组完成 14 亿美元。由一家中资银行为当地外资龙头矿业企业筹组银团在当地尚属首例，扩大了中资银行在当地矿业行业的影响力，提升了中资银行在矿业银团贷款业务方面的地位和声誉，为未来的矿业国际银团贷款发展奠定了良好的基础。

第二，市场化、国际化运作，收益好。工行担任银团牵头行主导了该国际银团的各个方面，完全按市场化、国际化惯例运作，争取了较高的贷款利率、前端费率、承诺费率等，牵头费收益也非常可观。此案例对我国金融机构从事矿业国际银团贷款业务具有一定借鉴意义。

第二节 境外大型铁矿项目融资国际银团贷款

某铁矿项目位于西澳大利亚著名铁矿区皮尔巴拉地区，是当时世界范围内最好的铁矿绿地项目，是一个世界级的低成本露天铁矿项目。该项目符合澳大利亚矿产储量联合委员会标准（JORC）的资源量达23亿吨，储量7.76亿吨。该项目设计年产5500万吨，产出产品为优质块矿和烧结粉矿。该项目还包括与铁矿开发配套的铁路344千米和专属港口设施建设。项目总投资120亿美元，其中银行贷款72亿美元，采用项目融资国际银团贷款形式筹集。该项目国际银团贷款的成功筹组对全球大型综合矿业项目有限追索项目融资业务产生巨大的、里程碑式的影响。该项目融资为当年全球最大的融资项目，并获得《项目融资（国际）》杂志[①]颁发的2015年亚太区项目融资奖。

---

① 英文名为 Project Finance International。

一、银团筹组过程

某铁矿项目为澳大利亚家族企业和国际知名公司联合拥有。国际知名公司也是长协购买方（offtaker），韩国××公司为项目总承包商（EPC contractor）。

2013年，项目股东聘请法国巴黎银行（BNP Paribas）和澳大利亚国民银行（NAB）为融资顾问，开始与银行联系。在获知该项目业务机会后，工行驻当地分行即组成工作团队，积极营销，争取牵头行的地位。经过不懈努力，最终工行成功被选为独家人民币顾问行、人民币账户行和牵头安排行。在工行总行的支持下，工行承诺贷款10亿美元，最终获分配承贷额度2.6亿美元。

该项目融资国际银团由多国政府出口信贷机构（ECA）和19家商业银行组成。经过项目股东方、政府出口信贷机构和商业银行等多方努力和长时间谈判，最终于2014年3月20日与项目发起人签署项目长期融资协议，之后在全部前提条件（CP）满足之后，于2014年4月22日关闭融资。2014年4月首次放款。

本案例的银团贷款交易结构如表4-2所示。

表4-2　　　　　　　　案例二银团贷款交易结构

构成要素	具体内容
借款人	××（项目公司）
银团贷款金额	72亿美元

续表

构成要素	具体内容
银团贷款期限	10.5 年
银团贷款用途	项目融资
担保形式	项目资产抵押担保
银团贷款形式 1. 建设期贷款 2. 流动资金贷款 3. 履约保函额度 4. 信用证额度 5. 外汇期权费额度	 ××美元 ××美元 ××美元 ××美元 ××美元
银团参与机构和银行	• 美国进出口银行（US Ex – Im） • 韩国进出口银行（Kexim） • 韩国贸易保险公司（K – Sure） • 日本国际合作银行（JBIC） • 日本出口投资保险公司（Nexi） • 19 家国际知名商业银行
银团贷款币种	• 美元 • 人民币 • 澳元
融资利率	LIBOR + ××点
签约时间	2014 年 3 月 20 日
提款时间	2014 年 4 月

二、案例评鉴

（一）贷款规模大，参贷方数量多，影响大

本笔银团贷款总金额高达 72 亿美元，是陆上矿业开发项目

有史以来金额最大的项目融资。参贷方既包括政府出口信贷机构，如美国进出口银行（US EXIM）、韩国进出口银行（Kexim）、韩国贸易保险公司（K-Sure）、日本国际合作银行（JBIC）、日本出口投资保险公司（Nexi），还包括来自澳大利亚、日本、欧洲、中国、韩国和新加坡的 19 家国际知名商业银行。该银团贷款的成功筹组是全球矿业一件里程碑式的事件，也是全球大型矿业项目融资业务类型发展的重要一步。该铁矿项目融资国际银团贷款被《项目融资》杂志评为 2015 年亚太区优秀项目融资贷款。

（二）贷款币种多，资金结构形式复杂多样，国际化运作

该铁矿项目融资国际贷款所涉及币种既有美元、澳元，也有人民币。人民币贷款是中资银行向在澳大利亚的非中资借款人发放的第一个人民币银团贷款，将用于购买设备等人民币支出。人民币贷款由工行和中国银行提供，工行担任独家人民币顾问行和人民币账户行，标志着人民币国际化又迈出了可喜的一步。

该项目总资金需求约 120 亿美元，其中 72 亿美元由国际银团贷款筹集，余下部分由项目股东贡献。项目股东的深入参与分担了大部分项目风险，给予银团贷款行极大的信心和支持，借贷双方共同努力，保证了项目筹资的成功完成。此次银团贷款不仅金额巨大，而且贷款形式多样，既有定期贷款（term loan），也有流动资金贷款（working capital facility）、履约保函额度（performance bond facility）、信用证额度（L/C facility）和外汇期权费

额度（FX option premium facility）。项目公司还与参贷银行有汇率和利率保值的业务安排。此次国际银团参贷行数量众多，但采用标准的国际惯常的项目融资方式国际化运作，确保银团筹组工作顺利完成。

（三）项目融资业务模式创新

传统上，矿业项目的融资主要来自于公司融资，由矿业公司通过商业银行和资本市场渠道筹集完全追索债务融资。少数项目虽然可操作项目融资，但是必须由项目发起人提供完全的项目完工担保。此次 120 亿美元的大型矿山项目融资，项目发起人设计开发出了一种创新的项目融资方式，即项目发起人不需提供完全的项目完工担保。此次项目融资国际银团的成功筹组标志着一种新的项目融资形式的出现，具有重大的创新性。在这种新的项目融资形式下，项目发起人不必提供完全的项目完工担保，项目完工风险可以由一系列的贷方可接受的综合避险措施来规避管理。这一系列综合避险措施包括但不限于：第一，项目发起人和项目团队具有丰富的相关项目经验；第二，项目所采用的技术非常成熟，已经过考证；第三，工程总承包商的结构安排、建设计划可靠；项目股东方的股权资金足额投入；第四，建设期和达产期支持到位，风险缓释措施得当。

这种创新的结构为未来大型矿山项目有限追索项目融资提供了借鉴样板，促进了项目融资作为金融产品的新发展。

第三节　境外大型锂矿项目债务优化型国际银团贷款

某公司通过其完全拥有的子公司拥有并运营位于西澳大利亚的某锂辉石矿。该矿是全球知名的锂矿资产，是全球储量最大的锂辉石矿，品位最高，成本最低。品位 2.1% 氧化锂的储量 1.69 亿吨，矿山寿命 22 年。

工行驻当地分行长期与该公司保持良好的银企关系。在了解客户需求后，积极营销，主动出击，成功争取到牵头行位置，为其安排 10 亿美元的银团贷款。

一、银团筹组过程

借款人公司拥有全球储量最大、品位最高、成本最低的某锂辉石矿。2022 年，锂市场价格高涨，该公司的经济效益非常好。由于矿山收益大幅提高，项目各项经济指标良好，矿山资产质量出众，公司计划扩大产能，原有的 6.3 亿美元的循环贷款已无法满足业务增长的需要，客户希望增加循环贷款至 10 亿美元，并且希望能够优化财务结构，调整并优化融资渠道，降低财务成本。在获知客户需求后，工行驻当地分行迅速组成工作团队，积极营销，最终与汇丰银行、荷兰银行一道作为牵头行，成功筹组

10亿美元的可循环贷款，达到了客户提出的目标，满足了客户增长的资金需求，优化了财务结构，获得了客户的好评。工行在该银团贷款中承贷2.25亿美元。2022年9月16日客户签署银团贷款协议，2022年9月23日首次提款。

本案例的银团贷款交易结构如表4-3所示。

表4-3　　　　　　　　案例三银团贷款交易结构

构成要素	具体内容
借款人	某公司
银团贷款金额	10亿美元
银团贷款期限	5年
银团贷款用途	债务优化
贷款类型	高级有抵押定期循环贷款
担保类型	全部公司资产抵押
前端费	××%
定价	××%
参考基准利率	USD隔夜担保融资利率（SOFR）
信贷调整差	××%　　1个月 ××%　　3个月 ××%　　6个月

二、案例评鉴

第一，工行在新能源电池行业国际银团贷款的新突破。本笔银团贷款工行再次牵头主导，彰显了工行全球最大商业银行的实力。锂作为电动汽车电池的重要成分，在全球去碳、防止地球变暖行动中起着举足轻重的作用。通过对该客户的金融支持，工行努力为全球环境保护作出贡献。

第二,参照国际化标准筹组运作,得到了国际知名银行的认同和积极参与。此次银团筹组工作按照国际银团贷款标准开展。工行与其他两家牵头行一道积极开展筹组工作,得到了国际知名银行的认同和积极参与。本次贷款银团由包括澳大利亚本地主流银行和国际知名银行在内的8家银行组成,其中工行、汇丰银行、荷兰银行为牵头行,具有一定的国际影响力。

第三,与时俱进,采用了国际最新通用的参考基准利率(SOFR)计价,是工行在矿山国际银团贷款中的新尝试。

参考文献

[1] 中国银行业协会银团贷款与交易专业委员会．银团贷款理论与实务 [M]．北京：中国金融出版社，2011．

[2] 刘胜题．国际银团贷款法律风险分析 [M]．北京：中国财政经济出版社，2013．

[3] 姚琦，任谷龙．国际贷款协议的起草与谈判 [M]．北京：对外经济贸易大学出版社，2015．

[4] 蒋先玲．项目融资 [M]．北京：中国金融出版社，2014．

[5] 刘林．项目投融资管理与决策 [M]．北京：机械工业出版社，2014．

[6] 陈建宏，古德生．矿业经济学 [M]．长沙：中南大学出版社，2007．

[7] 唐敏康．新编矿业工程概论 [M]．北京：冶金工业出版社，2011．

[8] 邢立亭，徐征和，王青．矿产资源开发利用与规划 [M]．北京：冶金工业出版社，2008．

[9] Victor Rudenno. The Mining Valuation Handbook [M]. New York: John Wiley & Sons Press, 2012.

［10］Alison Taylor, Alicia Sansone. The Handbook of Loan Syndications & Trading［M］. New York：McGraw – Hill Companies Inc. , 2007.

［11］Loan Market Association. Developing Loan Markets［M］. London：Loan Market Association, 2013.